Patrick Rosenthal

VEGETARISCH FÜR TEENIES

DAS KOCHBUCH

Tragen Sie sich jetzt unter
www.vegetarisch-und-vegan.de
für unseren Newsletter ein und erhalten
Sie zu neuen Veröffentlichungen
Leseproben und kostenlose Rezepte!

Patrick Rosenthal

VEGETARISCH FÜR TEENIES

DAS KOCHBUCH

Einfach, schnell und superlecker

riva

Bibliografische Information der Deutschen Nationalbibliothek
Die Deutsche Nationalbibliothek verzeichnet diese Publikation in der Deutschen Nationalbibliografie. Detaillierte bibliografische Daten sind im Internet über https://dnb.de abrufbar.

Für Fragen und Anregungen
info@m-vg.de

Originalausgabe
1. Auflage 2024

Türkenstraße 89
80799 München
Tel.: 089 651285-0

Redaktion: Caroline Kazianka
Umschlaggestaltung: Manuele Amode
Umschlagabbildungen und Abbildungen im Innenteil: Patrick Rosenthal
Illustrationen: shutterstock.com/Nadezda Barkova, nataka, Roi and Roi, svtdesign, NotionPic
Layout: Satzwerk Huber
Satz: inpunkt[w]o, Wilnsdorf (www.inpunktwo.de)
Druck: Florjancic Tisk d.o.o., Slowenien
Printed in the EU

ISBN Print 978-3-7423-2399-6
ISBN E-Book (PDF) 978-3-7453-2568-3
ISBN E-Book (EPUB, Mobi) 978-3-7453-2569-0

Wir produzieren nachhaltig
www.m-vg.de

Weitere Informationen zum Verlag findest du unter
www.rivaverlag.de
Beachten Sie auch unsere weiteren Verlage unter www.m-vg.de

Inhalt

Vorwort

Herzlich willkommen zu meinem Kochbuch *Vegetarisch für Teenies*! Es freut mich sehr, dass du gemeinsam mit mir die bunte Welt der vegetarischen Küche entdecken möchtest. Dieses Buch ist mehr als nur eine Sammlung von Rezepten; es ist eine Einladung, neugierig zu sein, neue Geschmacksrichtungen auszuprobieren und Spaß am Kochen zu entwickeln.

In einer Welt, in der Fast Food und Fertiggerichte oft den Alltag dominieren, wollte ich mit diesem Buch Alternativen aufzeigen, die nicht nur gesund, sondern auch unglaublich lecker sind. Ich habe mich auf die Suche nach Rezepten gemacht, die dich begeistern werden – von kreativen Dönertaschen über die verlockende Hot-Dog-Pizza bis hin zu erfrischenden und knackigen Salaten. Diese Rezepte sind nicht nur einfach zuzubereiten, sondern auch perfekt für dich und deine Freund*innen.

Die Idee zu diesem Kochbuch kam mir, als ich merkte, wie wenig Aufmerksamkeit oft der vegetarischen Küche geschenkt wird, obwohl sie so viel zu bieten hat. Ich wollte Gerichte kreieren, die nicht nur gesund sind, sondern auch Lust auf mehr machen. Ich wollte zeigen, dass vegetarische Küche keineswegs langweilig oder einseitig sein muss. Ganz im Gegenteil – sie ist vielfältig, bunt und unglaublich schmackhaft! Es geht nicht nur darum, Fleisch durch Gemüse zu ersetzen, sondern darum, ganz neue Geschmackserlebnisse zu schaffen. Lass dich überraschen, wie gut das schmecken kann!

Mit diesem Buch möchte ich dich ermutigen, selbst den Kochlöffel in die Hand zu nehmen und kreativ zu werden. Die Rezepte sind so gestaltet, dass du sie leicht nachkochen kannst, auch wenn du noch nicht viel Erfahrung in der Küche hast.

Schritt für Schritt erkläre ich dir, wie du die Zutaten kombinierst und zu einem köstlichen Gericht verarbeitest. Dabei kannst du natürlich auch immer deine eigenen Ideen und Vorlieben einbringen.

Ich hoffe, dass dir dieses Kochbuch genauso viel Freude bereitet wie mir beim Zusammenstellen der Rezepte. Kochen ist eine wunderbare Möglichkeit, kreativ zu sein und gleichzeitig etwas Gutes für sich und andere zu tun. Also schnapp dir deine Schürze, lade deine Freund*innen ein und probiert gemeinsam die leckeren Rezepte aus. Ich bin mir sicher, dass du dabei nicht nur viel Spaß haben, sondern auch viele neue Lieblingsgerichte entdecken wirst.

Alles Liebe und viel Freude beim Kochen und Genießen,

Patrick

Hinweis

Wusstest du, dass Parmesan streng genommen nicht vegetarisch ist, da er aus tierischem Lab gewonnen wird, für das wiederum die Schlachtung des Tiers notwendig ist? Viele Käsesorten gibt es aber in rein vegetarischer Version. Sie werden mit mikrobiellem Lab hergestellt. Als Vegetarier*in achtest du auf Sorten ohne tierisches Lab. Montello ist beispielsweise eine gute Alternative zu Parmesan. Natürlich ist es deine persönliche Entscheidung, ob du trotzdem Parmesan verwendest.

Currys, Pasta, Reis und Kartoffeln

In diesem Kapitel lernst du, wie vielseitig die vegetarische Küche sein kann. Du wirst entdecken, wie du mit einfachen Zutaten köstliche Currys zubereiten kannst, in denen jede Menge Geschmack und Aroma stecken. Pasta ist immer ein Hit, und ich zeige dir, wie du sie auf kreative Weise mit Gemüse und leckeren Soßen kombinieren kannst. Reis und Kartoffeln sind Grundnahrungsmittel, die sich wunderbar vielseitig zubereiten lassen – ob als gebratener Reis, Paella oder knusprige Ofenkartoffeln. Bereite dich auf eine kulinarische Reise vor, die dich in ferne Länder entführt und deinen Gaumen erfreut!

Schnelles Zucchinicurry

Zutaten für 4 Portionen

3 Zucchini
1 rote Zwiebel
40 g frischer Ingwer
4 Knoblauchzehen
400 g Kichererbsen aus der Dose
3 EL Sonnenblumenöl
1 rote Chilischote (optional)
Salz, Pfeffer
2 TL Garam Masala (Gewürzmischung)
1 TL gemahlener Kreuzkümmel
1 TL gemahlene Kurkuma
400 g stückige Tomaten aus der Dose
400 ml Kokosmilch

1. Zucchini waschen und die Enden entfernen. Zucchini längs halbieren und in Scheiben schneiden.
2. Zwiebel häuten und hacken. Ingwer und Knoblauch schälen und fein reiben.
3. Kichererbsen in ein Sieb abgießen, durchspülen und abtropfen lassen.
4. Öl in einer großen Pfanne bei mittlerer Hitze erwärmen und die Zucchinischeiben darin 8 Minuten braten, dann herausnehmen und zur Seite stellen.
5. Zwiebelwürfel in die Pfanne geben und 6–8 Minuten anbraten.
6. Chilischote putzen, waschen und fein hacken.
7. Chili, Ingwer und Knoblauch unter die Zwiebel rühren. Mit Salz und Pfeffer abschmecken und die restlichen Gewürze zugeben.
8. Kichererbsen, Tomaten und Kokosmilch unterheben und alles 10 Minuten köcheln lassen.
9. Zucchini zufügen und weitere 10 Minuten köcheln lassen.

TIPP:

Garam Masala, eine traditionelle indische Gewürzmischung, verleiht dem Gericht eine warme, komplexe Note. »Garam« bedeutet »heiß« und »Masala« »Gewürzmischung«. Diese Mischung enthält Gewürze wie Kreuzkümmel, Kardamom, Zimt, Nelken und Muskat und sorgt für ein unverwechselbares Aroma.

TIPP:
Zum Curry passt sehr gut Basmati-Reis.

Spaghetti Carbonara-Style

Zutaten für 4 Portionen

100 g Babyspinat
½ Bio-Zitrone
½ Bund glatte Petersilie
3 EL getrocknete italienische Kräuter
100 g getrocknete Tomaten
2 Schalotten
2 Knoblauchzehen
400 g Spaghetti
4 EL Olivenöl
1 EL Butter
Salz, Pfeffer
3 Eier
80 g geriebener Parmesan (oder Alternative)
1–2 Msp. Rauchsalz

1. Spinat waschen und verlesen.
2. Zitrone waschen, abtrocknen und die Schale abreiben.
3. Petersilie waschen, trocken schütteln, hacken und mit den italienischen Kräutern vermischen.
4. Tomaten in Stücke schneiden.
5. Schalotten und Knoblauch häuten und fein hacken.
6. Spaghetti in einem Topf mit Salzwasser nach Packungsangabe al dente kochen. Dann durch ein Sieb abseihen und dabei 150 ml Kochwasser auffangen.
7. Öl und Butter in einer Pfanne erhitzen. Schalotten und Knoblauch darin 1 Minute unter Rühren andünsten.
8. Tomaten zugeben und alles mit Salz und Pfeffer würzen.
9. Eier und Parmesan in einer Schüssel verquirlen, dabei ca. 100 ml Kochwasser unterrühren.
10. Spaghetti, Spinat und Kräuter in die Pfanne zu den Tomaten geben, auf mittlerer Hitze erwärmen und vermengen. Eiermischung unterheben und erhitzen. Mit Rauchsalz würzen.
11. Ist die Soße zu fest, noch etwas Kochwasser unterheben.
12. Vor dem Servieren mit etwas Zitronenschale bestreuen.

Was ist eigentlich Rauchsalz?

Rauchsalz ist eine besondere Art von Salz, das Speisen diesen köstlichen rauchigen Geschmack verleiht, ohne dass du einen Grill oder echten Rauch brauchst!

Rauchsalz entsteht, indem normales Salz über Holzrauch geräuchert wird. Das Salz nimmt den Rauchgeschmack auf und bekommt dadurch seine besondere Note. Es gibt verschiedene Arten von Holz, die zum Räuchern verwendet werden können, zum Beispiel Hickory, Eiche oder Apfelholz, und jedes Holz sorgt für einen ganz eigenen Geschmack.

Rauchsalz passt gut zu Gemüse, Suppen, Eintöpfen und sogar zu einigen Snacks wie Popcorn! Deinen vegetarischen Gerichten kannst du damit ganz einfach eine leckere, rauchige Note geben.

Kartoffel-Käse-Pfanne

Zutaten für 4 Portionen

900 g kleine Kartoffeln
2 Stangen Lauch
3 Knoblauchzehen
1 EL Pflanzenöl
1½ EL Cashewmus
1 TL edelsüßes Paprikapulver
½ TL Zwiebelpulver
½ TL Salz
Pfeffer
2 Frühlingszwiebeln
100 g geriebener Käse, z. B. Gouda
½ Bund Petersilie

1. Kartoffeln waschen und in einem Topf mit Salzwasser gar kochen. Das dauert ca. 15 Minuten. Danach das Wasser abgießen.
2. Lauch putzen, waschen und in Ringe schneiden.
3. Knoblauchzehen häuten und fein hacken.
4. Öl in einer Pfanne erhitzen, Lauch hinzufügen und 3 Minuten anbraten. Knoblauch zugeben und 1 Minute mitbraten.
5. Cashewmus und 120 ml Wasser einrühren. Gewürze untermischen und 2 Minuten köcheln lassen.
6. Frühlingszwiebeln putzen, waschen, in feine Ringe schneiden und unterheben. Ggf. noch etwas Wasser zugießen.
7. Die gekochten Kartoffeln in die Pfanne geben und gründlich mit den restlichen Zutaten vermischen.
8. Käse in die Pfanne streuen, einen Deckel auflegen und alles 5 Minuten bei kleiner Hitze köcheln lassen, bis der Käse geschmolzen ist.
9. Petersilie waschen, trocken schütteln, hacken und vor dem Servieren über die Kartoffeln streuen.

Schneller Nudelauflauf

Zutaten für 4 Portionen

500 g Nudeln
100 ml Olivenöl
400 ml Sahne
200 g Tomatenmark
1 TL getrocknete italienische Kräuter
1 Prise gemahlene Muskatnuss
Salz, Pfeffer
5 Knoblauchzehen
Fett für die Form
250 g geriebener Käse, z. B. Gouda oder Mozzarella
4 Tomaten
100 g vegetarische Falafel

1. Nudeln in einem Topf mit Salzwasser nach Packungsangabe al dente kochen. Dann durch ein Sieb abseihen und abtropfen lassen.
2. Backofen auf 170 °C Umluft vorheizen.
3. Olivenöl, Sahne, Tomatenmark, Kräuter und Gewürze in einer großen Schüssel vermischen und mit Salz und Pfeffer abschmecken.
4. Knoblauchzehen häuten, fein würfeln und zur Soße geben.
5. Nudeln unter die Soße heben und in eine große gefettete Auflaufform füllen.
6. ⅓ vom Käse unterheben.
7. Tomaten waschen, vierteln, Falafel halbieren und alles auf dem Auflauf verteilen.
8. Den restlichen Käse darüberstreuen und Auflauf 30 Minuten im Ofen backen.

Feta-Tomaten-Reis

Zutaten für 4 Portionen

400 g Strauchtomaten
1 Chilischote
6 EL Tomatenmark
1 Zwiebel
2 Knoblauchzehen
3–4 EL Olivenöl
250 g Langkornreis
200 ml Gemüsebrühe
Salz
4 Karotten
1 Dose Mais (285 g)
2 EL Butter
150 g Feta
ein paar Oregano- und Thymianblättchen

1. Tomaten waschen, Stielansatz herausschneiden und das Fruchtfleisch in Würfel schneiden.
2. Chili waschen, putzen, entkernen und hacken.
3. Tomaten, Chili und Tomatenmark in einen Standmixer geben und fein pürieren.
4. Zwiebel und Knoblauch häuten und würfeln.
5. 2 EL Öl in einem großen Topf erhitzen. Zwiebeln und Knoblauch darin glasig dünsten. Reis hinzufügen und unter Rühren ca. 2 Minuten rösten.
6. Tomaten-Chili-Püree dazugießen und alles unter Rühren 5 Minuten köcheln lassen. Gemüsebrühe zugießen, restliches Tomatenmark unterrühren und 20 Minuten köcheln lassen, bis die Flüssigkeit eingekocht und der Reis gar ist. (Ggf. noch etwas Wasser zugießen.)
7. Währenddessen Karotten schälen, putzen, in Scheiben schneiden und in einem Topf mit Salzwasser bissfest garen. Dann durch ein Sieb abseihen.
8. Den Mais in ein Sieb abgießen.
9. Butter in einer großen Pfanne schmelzen. Die Karotten mit dem Mais darin anbraten.
10. Tomatenreis mit Karotten und Mais anrichten.
11. Feta zerbröseln und mit dem Oregano auf den Tomatenreis streuen.

Zitronen-Lauch-Pasta

Zutaten für 4 Portionen

2 Bio-Zitronen
1 Schalotte
2 EL Butter
2 EL Mehl
200 ml Gemüsebrühe
200 ml Sahne
500 g Linguine
2 Stangen Lauch
Salz
etwas frischen Schnittlauch zum Garnieren

1. Zitronen heiß waschen, trocken tupfen, dann die Schale abreiben und den Saft auspressen.
2. Schalotte häuten und würfeln.
3. Butter in einem Topf erhitzen und die Schalotte darin glasig dünsten.
4. Mehl einrühren, kurz anschwitzen und mit dem Zitronensaft ablöschen. Unter Rühren etwas einköcheln lassen. Brühe und Sahne zugießen und unter Rühren 10 Minuten köcheln lassen.
5. Soße aufkochen lassen, falls nötig noch etwas Wasser zugießen oder weiter einköcheln lassen.
6. Nudeln in einem Topf mit Salzwasser nach Packungsangabe al dente kochen.
7. Währenddessen Lauch waschen, putzen, in etwa 8 cm lange Stücke schneiden, längs halbieren und in feine Streifen schneiden. 2 Minuten vor Ende der Kochzeit der Nudeln zu den Nudeln geben.
8. Soße durch ein Sieb streichen, wieder in den Topf geben und aufkochen lassen. Falls nötig, noch etwas Wasser zugießen oder weiter einköcheln lassen.
9. Zitronenabrieb unterrühren. Mit Salz abschmecken.
10. Nudeln und Lauch durch ein Sieb abgießen, gut abtropfen lassen und mit der heißen Soße vermengen.
11. Schnittlauch in Röllchen schneiden und vor dem Servieren über die Nudeln geben.

Blitz-Pasta mit Erbsensoße

Zutaten für 4 Portionen

2 Zwiebeln
1 EL Olivenöl
500 g TK-Erbsen, leicht angetaut
300 ml Gemüsebrühe
200 ml Sahne
100 g Schmelzkäse
500 g Nudeln
½ TL Salz
Pfeffer
½ TL Chiliflocken

1. Zwiebeln häuten und fein hacken.
2. Öl in einer Pfanne erhitzen und Zwiebeln darin 2 Minuten anschwitzen.
3. Erbsen zugeben und 3 Minuten köcheln lassen.
4. Gemüsebrühe, Sahne und Schmelzkäse zufügen, aufkochen und 10 Minuten köcheln lassen.
5. In der Zwischenzeit Nudeln in einem Topf mit Salzwasser nach Packungsangabe al dente kochen.
6. Je nach gewünschter Konsistenz die Soße mit dem Pürierstab pürieren. Mit Salz, Pfeffer und Chiliflocken würzen.
7. Nudeln durch ein Sieb abseihen und mit der Erbsensoße servieren.

One-Pot-Pasta

Zutaten für 4 Portionen

2 Zwiebeln
3 Knoblauchzehen
2 Zucchini
2 rote Paprika
100 g Kirschtomaten
3 TL Olivenöl
150 g TK-Erbsen
500 g Nudeln
2 TL rote Currypaste
250 ml Kokosmilch
400 g stückige Tomaten aus der Dose
Salz, Pfeffer
1 TL frischer Zitronensaft

1. Zwiebeln und Knoblauch häuten und fein hacken.
2. Zucchini und Paprika waschen, putzen und in Würfel schneiden.
3. Kirschtomaten waschen und halbieren.
4. Öl in einem großen Topf erhitzen und die Zwiebeln darin 3 Minuten dünsten.
5. Knoblauch, Zucchini und Paprika dazugeben und 2 Minuten anbraten.
6. Erbsen, Nudeln, Currypaste, Kokosmilch und stückige Tomaten hinzufügen und ca. 15 Minuten bei mittlerer Hitze köcheln lassen (ggf. noch etwas Wasser zufügen).
7. 2 Minuten vor Ende der Kochzeit die Kirschtomaten unterheben. Mit Salz, Pfeffer und Zitronensaft abschmecken.

Exotisches Linsencurry

Zutaten für 4 Portionen

3 Schalotten
2 Knoblauchzehen
1 Stück frischer Ingwer (2 cm)
2 EL Butter
2 Karotten
350 g rote Linsen
1 TL Currypulver
½ TL gemahlene Kurkuma
½ TL gemahlener Kreuzkümmel
400 ml Gemüsebrühe
150 ml Kokosmilch
Salz, Pfeffer
2 frische Mangos oder ca. 400 g TK-Mango-Würfel
½ Bund Petersilie

1. Schalotten, Knoblauch und Ingwer schälen und fein würfeln.
2. Butter in einer großen Pfanne erhitzen und Schalotten, Knoblauch und Ingwer darin anschwitzen.
3. Karotten schälen, putzen und würfeln.
4. Linsen, Currypulver, Kurkuma, Kreuzkümmel und Karotten zufügen, unterrühren und mit der Brühe ablöschen.
5. Kokosmilch einrühren. Curry mit Salz und Pfeffer würzen und 10–15 Minuten bei mittlerer Hitze köcheln lassen, bis die Linsen gar sind. Eventuell während des Kochvorgangs etwas Wasser zufügen.
6. Mangos schälen, das Fruchtfleisch vom Kern und in Würfel schneiden.
7. Petersilie waschen, trocken schütteln und hacken.
8. Mangowürfel und ⅔ der Petersilie unterheben und 2 Minuten erhitzen.
9. Curry mit der restlichen Petersilie garniert servieren.

Gemüsereis

Zutaten für 4 Portionen

300 g Jasminreis
200 g Kirschtomaten
2 gelbe Paprika
1 EL Olivenöl
500 ml Gemüsebrühe
200 g TK-Erbsen
Salz

1. Reis in ein Sieb geben, gut abwaschen und abtropfen lassen.
2. Kirschtomaten waschen und hacken.
3. Paprika putzen, waschen und würfeln.
4. Öl in einer Pfanne erhitzen und Tomaten und Paprikawürfel darin anschwitzen.
5. Reis zugeben, unterheben und kurz anbraten.
6. Mit Gemüsebrühe ablöschen und Brühe kurz aufkochen lassen.
7. Erbsen zugeben und Reis bei mittlerer Hitze fertig garen, dabei ggf. noch etwas Wasser zugeben. Mit Salz abschmecken.

TIPP:
Dazu passen die gebackenen Auberginen in Tomatensoße (Rezept Seite 62).

Poké Bowl mit knusprigen Kichererbsen

Zutaten für 4 Portionen

180 g Jasminreis
1 Snackgurke
150 g TK-Edamame
2 Karotten
150 g Rote Bete, vorgegart
100 g Mango, frisch oder TK
200 g geröstete Kichererbsen (Rezept Seite 88)
etwas Kresse
Tahini-Soße (Rezept Seite 83)

1. Jasminreis nach Packungsangabe gar kochen, mit einer Gabel auflockern und zur Seite stellen.
2. Snackgurke waschen und in Scheiben schneiden.
3. Edamame nach Packungsangabe auftauen lassen.
4. Karotten waschen, putzen und in Würfel schneiden.
5. Rote Bete und Mango würfeln.
6. Reis auf 4 Schüsseln verteilen und mit dem vorbereiteten Gemüse, Obst und Kichererbsen belegen. Mit Kresse garnieren.
7. Tahini-Soße dazu servieren.

Die Welt der Gewürze und Kräuter

Ich möchte dich auf eine kulinarische Entdeckungsreise mitnehmen, auf der du die wunderbare Welt der Gewürze und Kräuter kennenlernen wirst. Diese kleinen, oft unscheinbaren Zutaten sind wahre Zauberer in der Küche. Sie verleihen deinen Gerichten nicht nur Geschmack, sondern auch Farbe und Aroma, und sie können aus einem einfachen Gericht etwas ganz Besonderes machen.

Vielleicht hast du schon einige der bekannteren Gewürze und Kräuter verwendet – Salz, Pfeffer, Basilikum oder Petersilie. Aber sicher gibt es eine Vielzahl, die du noch nie ausprobiert hast. Diese Zutaten warten nur darauf, von dir entdeckt zu werden. Sie bringen Vielfalt und Abwechslung in deine Gerichte und machen das Kochen zu einem spannenden Abenteuer.

Im Folgenden möchte ich dir 15 verschiedene Gewürze und 15 Kräuter vorstellen. Dabei erkläre ich dir genau, wie du sie verwenden kannst und zu welchen Gerichten sie besonders gut passen.

Anis

Anis erinnert mit seinem starken, süßlichen Geschmack an Lakritz und findet sich gern in Backwaren und Likören.
Du kannst Weihnachtsgebäck oder Tomatensoßen damit würzen.

Bockshornklee

Bockshornklee hat einen leicht bitteren, nussigen Geschmack, der in der indischen Küche geschätzt wird.
Verwende Bockshornkleesamen in Currypulver oder als Gewürz für Gemüsegerichte.

Chilipulver

Chilipulver verleiht Gerichten eine schöne Schärfe. Es gibt verschiedene Sorten, von mild bis extrem scharf.
Suppen, Eintöpfen oder Salsas kannst du damit einen würzigen Kick geben.

Fenchelsamen

Fenchelsamen haben einen leicht süßlichen, anisartigen Geschmack. Sie kommen oft in italienischen und indischen Gerichten zum Einsatz. Du kannst Fenchelsamen in Brot mischen, als Gewürz für Gemüsegerichte nehmen oder daraus Tee machen.

Ingwer

Ingwer schmeckt scharf und würzig und kommt oft in asiatischen Gerichten zum Einsatz. Verwende frischen Ingwer für Currys, Marinaden oder Tees.

Kardamom

Kardamom weist einen intensiven, süßlichen Geschmack mit einem Hauch von Eukalyptus auf und kommt oft in indischen und nahöstlichen Gerichten vor.
Verwende Kardamom für Chai-Tee, Gebäck oder ein würziges Curry.

Koriandersamen

Koriandersamen mit ihrem milden, zitronigen Geschmack werden gern in indischen und mexikanischen Gerichten verwendet.
Röste die Samen und mahle sie für Gewürzmischungen oder füge sie zu Marinaden hinzu.

Kurkuma

Das Pulver dieser Wurzel hat eine leuchtend gelbe Farbe und einen leicht bitteren, erdigen Geschmack. Es wird häufig in indischen Gerichten wie Curry verwendet und verleiht auch Smoothies und Suppen eine schöne Farbe.
Probiere Kurkuma in einem goldenen Milchgetränk aus – einfach mit Milch, Honig und einer Prise Pfeffer aufkochen.

Kreuzkümmel

Kreuzkümmel hat einen warmen, würzigen Geschmack und wird oft in mexikanischen, indischen und nahöstlichen Gerichten eingesetzt. Röste die Samen kurz in der Pfanne, um den Geschmack zu intensivieren, und verwende sie in Chili, Falafel oder Reisgerichten.

Muskatnuss

Muskatnuss hat ein warmes, leicht süßliches Aroma und wird häufig in Kartoffelgerichten, Suppen und Desserts verwendet.
Reibe ein wenig frische Muskatnuss über Kartoffelpüree oder in eine Sahnesoße.

Nelken

Nelken haben einen starken, warmen Geschmack und sind häufig in süßen und herzhaften Gerichten zu finden.
Glühwein, Soßen oder Reisgerichte erhalten durch Nelken ein besonderes Aroma.

Paprikapulver

Paprikapulver gibt es in verschiedenen Schärfegraden – von mild bis scharf. Es verleiht Gerichten eine süße, rauchige Note und empfiehlt sich für Eintöpfe, Ofenkartoffeln oder selbst gemachte Soßen.

Piment

Piment erinnert vom Geschmack her an eine Mischung aus Zimt, Muskatnuss und Nelken. Er verfeinert oft karibische und mitteleuropäische Gerichte.
Verwende Piment in Eintöpfen, Marinaden oder Gebäck.

Safran

Safran hat einen einzigartigen, leicht bitteren Geschmack und schenkt Gerichten eine goldene Farbe. In der spanischen und indischen Küche kommt er häufig zum Einsatz.
Füge eine Prise Safran zu Paella, Risotto oder Desserts hinzu.

Zimt

Zimt ist nicht nur für Süßspeisen geeignet. Er hat einen warmen, süßen Geschmack und macht sich auch gut in herzhaften Gerichten wie Chili sin Carne oder, in Kombination mit anderen Gewürzen, in orientalischen Gerichten.

Basilikum

Basilikum mit seinem süßen, pfeffrigen Geschmack ist ein klassisches Kraut für italienische Gerichte.
Nutze frisches Basilikum für Pesto, Pizza oder Tomatensoßen.

Bohnenkraut

Bohnenkraut hat einen leicht pfeffrigen, würzigen Geschmack und wird, wie der Name schon sagt, gern für Bohnengerichte verwendet.
Würze Eintöpfe, Suppen oder Gemüsegerichte mit Bohnenkraut.

Borretsch

Borretsch hat einen frischen, gurkenartigen Geschmack und kommt häufig in Salaten und Getränken zum Einsatz.
Du kannst damit aber auch viele andere Gerichte garnieren.

Dill

Dill kommt mit seinem milden, süßlichen Geschmack oft in skandinavischen und osteuropäischen Gerichten vor.
Dill passt gut zu Gurkensalat oder in Dressings.

Estragon

Estragon schmeckt mild und leicht nach Anis und wird gern in französischen Gerichten eingesetzt.
Nimm Estragon für Salatdressings oder Soßen.

Koriander

Koriander schmeckt frisch und zitronig und ist in der asiatischen, mexikanischen und nahöstlichen Küche gängig.
Mische Koriander in Salsas oder Currys und bestreue Suppen und Eintöpfe damit.

Lorbeerblätter

Lorbeerblätter mit ihrem milden, leicht bitteren Geschmack werden oft in Suppen und Eintöpfen verwendet.
Gib Lorbeerblätter beim Kochen von Suppen oder Eintöpfen hinzu, entferne sie aber vor dem Servieren.

Minze

Minze mit ihrem frischen, kühlen Geschmack ist häufig Bestandteil nahöstlicher und mediterraner Gerichte.
Mische Minze in Salate, Limonaden oder Joghurt-Dips.

Oregano

Oregano hat einen kräftigen, leicht bitteren Geschmack und ist ein Klassiker in der italienischen und griechischen Küche.
Oregano macht sich gut in Tomatensoßen, auf Pizza oder in Salatdressings.

Petersilie

Petersilie hat einen frischen, leicht bitteren Geschmack und passt eigentlich zu fast allem.
Füge gehackte Petersilie zu Salaten oder Suppen hinzu oder garniere Gerichte damit.

Rosmarin

Rosmarin hat einen starken, harzigen Geschmack und eignet sich gut für mediterrane Gerichte.
Verwende Rosmarin für Ofenkartoffeln, Marinaden oder streue ihn auf Focaccia.

Schnittlauch

Schnittlauch passt mit seinem milden, zwiebelartigen Geschmack gut zu einer Vielzahl von Gerichten, zum Beispiel Kartoffelsalat oder Suppen.
Als Garnitur gibt er vielen Speisen geschmacklich und optisch eine besondere Note.

Salbei

Salbei hat einen starken, leicht bitteren Geschmack und passt gut zu Nudeln.
Gib etwas Salbei zu Buttersoßen oder in Füllungen.

Thymian

Thymian ist durch einen leicht erdigen, pfeffrigen Geschmack gekennzeichnet und harmoniert gut mit Fleischersatz und Gemüse.
Füge Thymian zu Suppen oder Eintöpfen hinzu.

Zitronenmelisse

Zitronenmelisse eignet sich mit ihrem frischen, zitronigen Aroma gut für Desserts und Getränke.
Du kannst damit Tees oder Limonaden machen oder Desserts damit bestreuen.

Pizza, Tartes und Quiches

Wer liebt nicht Pizza? In diesem Kapitel zeige ich dir, wie du leckere vegetarische Pizzen selber machen kannst. Dazu findest du hier noch herzhafte Tartes und Quiches, die sich perfekt für ein Mittagessen oder ein Picknick eignen. Ob mit Gemüse, Käse oder beidem – diese Rezepte sind einfach zuzubereiten und schmecken immer fantastisch. Mach deine Küche zur Pizzeria und überrasche deine Familie und Freund*innen mit deinen eigenen Kreationen!

Gemüsetarte

Zutaten für 1 Tarteform (ca. 26 cm ø)

Für den Teig

250 g Mehl plus mehr für die Form und die Arbeitsfläche
120 g kalte Butter plus mehr für die Form
1 Ei
½ TL Salz

Für die Füllung

200 g Babyspinat
3 rote Paprika
4 Tomaten
2 Knoblauchzehen
2 EL Olivenöl
Salz, Pfeffer
1 Bio-Zitrone
4 Eier
150 ml Sahne
80 g geriebener Parmesan (oder Alternative)
300 g Ricotta
je 1 TL gehackter Rosmarin, Thymian und Petersilie, frisch oder TK
200 g Mini-Mozzarellakugeln

Zum Garnieren

200 g Kirschtomaten

1. Backofen auf 180 °C Ober-/Unterhitze vorheizen und Tarteform (am besten mit Hebeboden) leicht einfetten und bemehlen.
2. Für den Teig Mehl, Butter, Ei, Salz und 2 EL Wasser in eine Schüssel geben und zu einem Teig verkneten.
3. Teig auf einer bemehlten Arbeitsfläche ausrollen, in die Form legen und andrücken, sodass ein Rand von etwa 3 cm Höhe entsteht. Den Teig mit einer Gabel mehrere Male einstechen und in den Kühlschrank stellen.
4. Spinat waschen, verlesen und trocken schütteln.
5. Paprika putzen, waschen und würfeln.
6. Tomaten waschen, entkernen und würfeln.
7. Knoblauchzehen häuten und fein würfeln.
8. Öl in einer Pfanne erhitzen und Paprika und Knoblauch darin anbraten. Spinat unterheben, 1 Minute zusammenfallen lassen, dann Pfanne vom Herd nehmen. Mit Salz und Pfeffer würzen.
9. Zitrone heiß waschen, abtrocknen und die Schale abreiben.
10. Eier, Sahne, Parmesan, Ricotta und Zitronenschale in einer Schüssel mit dem Schneebesen verquirlen und mit Salz und Pfeffer abschmecken. Kräuter unterrühren.
11. Gemüse auf dem Teig in der Form verteilen und mit der Eiermischung übergießen.
12. Mozzarellakugeln halbieren und darauf verteilen.
13. Tarte 40–50 Minuten im Ofen backen.
14. Kirschtomaten waschen und fertige Tarte damit garnieren.

Pizza-Kartoffelfladen

Zutaten für 10 Stück

Für den Teig
1 Würfel Hefe
½ TL Zucker
500 g Mehl plus mehr für die Arbeitsfläche
½ TL Salz
2 EL Olivenöl

Für den Belag
400 g Frischkäse
2 EL Zitronensaft
Salz, Pfeffer
400 g gekochte Kartoffeln vom Vortag
400 g Schafskäse (Rolle)
3 Zweige Rosmarin

1. Hefe mit dem Zucker und 200 ml lauwarmem Wasser in eine Schüssel geben und unter Rühren auflösen.
2. Mehl, Salz und Öl in eine weitere Schüssel geben, das Hefewasser dazuschütten und alles mit den Knethaken des Rührgeräts gründlich verkneten, bis sich der Teig vom Schüsselrand löst. Nach Bedarf noch ein wenig lauwarmes Wasser zufügen. Teig zugedeckt an einem warmen Ort 1 Stunde gehen lassen.
3. Backofen auf 220 °C Ober-/Unterhitze vorheizen.
4. Teig auf einer bemehlten Arbeitsfläche gut durchkneten, in 10 Stücke teilen und diese länglich zu Fladen ausrollen.
5. Teig jeweils in der Mitte der Fladen etwas dünner drücken als am Rand. Die Teigstücke auf ein mit Backpapier ausgelegtes Backblech legen.
6. Frischkäse in eine Schüssel geben und mit dem Zitronensaft, Salz und Pfeffer verrühren. Die Teigfladen dünn damit bestreichen.
7. Kartoffeln pellen, in dünne Scheiben schneiden und die Fladen damit belegen.
8. Schafskäse in Scheiben schneiden, auf den Kartoffeln verteilen und mit abgezupften Rosmarinnadeln bestreuen.
9. Blech in den Ofen schieben und Fladen in ca. 20 Minuten goldbraun backen.

Gemüsequiche vom Backblech

Zutaten für 1 Blech

2 Zucchini
1 rote Paprika
1 grüne Paprika
2 rote Zwiebeln
200 g geriebener Käse
5 Eier
300 ml Milch
350 g Mehl
1 Pck. Backpulver
3 TL getrocknete italienische Kräuter
1 TL Salz

1. Backofen auf 190 °C Umluft vorheizen und ein Backblech mit Backpapier auslegen.
2. Zucchini und Paprika putzen, waschen und fein würfeln.
3. Zwiebeln häuten und hacken.
4. Alle Zutaten in einer großen Schüssel gründlich vermengen. Masse auf dem Backblech verteilen und 25 Minuten im Ofen backen.

Hotdog-Pizza

Zutaten für 4 Portionen

1 Rolle frischer Pizzateig
8 EL passierte Tomaten
300 g vegetarische Würstchen
200 g geriebener Cheddar
50 g dänischer Gurkensalat
6 EL Hotdog-Soße
4 EL Röstzwiebeln

1. Backofen auf 180 °C Umluft vorheizen und ein Backblech mit Backpapier auslegen.
2. Pizzateig auf das Backblech geben und mit den passierten Tomaten bestreichen.
3. Würstchen in Scheiben schneiden und darauf verteilen. Cheddar darüberstreuen.
4. Pizza in den Ofen schieben und in 20–25 Minuten goldbraun backen.
5. Gurkensalat abtropfen lassen.
6. Pizza aus dem Ofen nehmen und mit Gurkensalat, Hotdog-Soße und Röstzwiebeln belegen.

Flammkuchen

Zutaten für 6 Stück

Für den Teig
250 g Mehl plus mehr für die Arbeitsfläche
2 EL Olivenöl
1 Prise Salz

Für den Belag
50 g Rucola
1 Knoblauchzehe
½ Bund Schnittlauch
125 g Crème fraîche
Salz, Pfeffer
1 Zucchini
1 Bio-Zitrone
100 g Mini-Mozzarella-kugeln
1 EL Olivenöl
30 g Pinienkerne

1. Für den Teig Mehl mit 125 ml Wasser, Olivenöl und Salz in einer Schüssel verrühren und 2 Minuten mit den Knethaken des Rührgeräts verkneten.
2. Teig in 6 Portionen teilen und diese auf einer bemehlten Arbeitsfläche jeweils 4 mm dünn ausrollen.
3. Teiglinge auf 2 mit Backpapier belegte Backbleche legen.
4. Backofen auf 220 °C Ober-/Unterhitze vorheizen.
5. Rucola waschen, verlesen und trocken schütteln.
6. Knoblauch häuten und pressen.
7. Schnittlauch waschen, trocken schütteln und in feine Röllchen schneiden.
8. Knoblauch und Schnittlauch in einer Schüssel mit Crème fraîche verrühren. Mit Salz und Pfeffer würzen.
9. Creme auf die Teiglinge streichen, dabei jeweils rundum einen Rand von 1 cm frei lassen.
10. Zucchini und Zitrone heiß abwaschen und in feine Scheiben schneiden.
11. Teig mit Zucchinischeiben und mit Mozzarellakugeln belegen. Dann die Zitronenscheiben darauf verteilen. Mit dem Olivenöl beträufeln.
12. Flammkuchen 15–20 Minuten im Ofen backen. 3 Minuten vor Ende der Backzeit mit Pinienkernen bestreuen.
13. Blech aus dem Ofen nehmen und Flammkuchen mit Rucola belegen.

Salat und Gemüse

Salate und Gemüsegerichte sind nicht nur gesund, sondern auch unglaublich lecker. In diesem Kapitel zeige ich dir, wie du kreative und bunte Salate sowie köstliche Gemüsegerichte zaubern kannst. Ob als Beilage oder Hauptgericht – diese Rezepte sind leicht, frisch und voller Geschmack.

Entdecke die Vielfalt der Gemüsesorten

Gemüse ist nicht nur gesund, es gibt auch so viele verschiedene Arten und Sorten, die alle ihren eigenen Geschmack und spezielle Verwendungsmöglichkeiten haben. Einige davon kennst du sicherlich schon, andere sind vielleicht neu für dich. Lass uns gemeinsam 20 Gemüsesorten entdecken – von Klassikern bis hin zu außergewöhnlichen Varianten.

Artischocken

Artischocken mit ihrem leicht nussigen, herben Geschmack kommen gedünstet, gebraten oder eingelegt als Antipasti auf den Tisch.

Aubergine

Aubergine mit ihrem vollen, leicht bitteren Geschmack und ihrer fleischigen Textur macht sich gut in Ratatouille, Aufläufen oder auf dem Grill.

Blumenkohl

Blumenkohl ist mild im Geschmack und sehr vielseitig. Er kann geröstet, püriert, gedämpft oder zu Pizzaboden verarbeitet werden.

Brokkoli

Brokkoli hat eine leicht bittere Note und eine knackige Textur. Er lässt sich gut dämpfen, braten oder als Zutat für Aufläufe und Suppen verwenden.

Fenchel

Fenchel hat einen leicht anis-artigen, süßen Geschmack. Er schmeckt roh in Salaten, gedünstet oder gebraten.

Karotten

Karotten sind knackig und haben einen süßen, erdigen Geschmack. Sie eignen sich hervorragend als Snack, für Salate, Suppen oder als Beilage.

Kohlrabi

Kohlrabi weist einen leicht süßlichen Geschmack und eine knackige Textur auf. Er kann roh als Snack oder Salatzutat dienen oder gekocht werden.

Kürbis

Kürbis hat einen süßen, nussigen Geschmack und eignet sich für Suppen, Tartes oder als Beilage.

Mangold

Mangold mit seinem leicht erdigen Geschmack lässt sich wunderbar dämpfen, braten oder für Suppen verwenden.

Okra

Okra weist einen milden Geschmack und eine leicht schleimige Textur auf und wird für Suppen oder Eintöpfe verwendet oder gebraten.

Pak Choi

Pak Choi schmeckt leicht nach Senf und wird gern für Pfannengerichte oder gedämpft als Beilage verwendet.

Paprika

Paprika gibt es in verschiedenen Farben und sie haben alle einen süßlichen Geschmack. Häufig kommt sie in Salaten oder Pfannengerichten vor, schmeckt aber auch gefüllt sehr gut.

Pastinaken

Pastinaken haben einen süßen, leicht nussigen Geschmack und machen sich gut in Suppen, als Püree oder Ofengemüse.

Rote Bete

Rote Bete weist einen süßlichen, erdigen Geschmack auf. Sie kann roh für Salate, gekocht als Zutat oder Beilage eingesetzt oder zu Saft verarbeitet werden.

Rüben

Rüben sind süß und erdig im Geschmack. Roh dienen sie als Salatzutat, werden aber auch gekocht oder gebraten.

Schwarzwurzel

Schwarzwurzel ist mit ihrem milden, leicht nussigen Geschmack ideal für Suppen, lässt sich aber auch gut dünsten oder braten.

Spinat

Spinat hat einen milden, leicht bitteren Geschmack und kann roh für Salate verwendet, gedünstet oder für Smoothies püriert werden.

Süßkartoffel

Süßkartoffeln sind süß und stärkehaltig und lassen sich zu Püree oder Tartefüllung verarbeiten oder braten.

Topinambur

Topinambur hat einen süßen, nussigen Geschmack. Er kommt roh in Salaten, gekocht oder als Püree auf den Tisch.

Zucchini

Zucchini ist ein mildes, leicht süßliches Gemüse, das sich perfekt für Pfannengerichte eignet oder als Zoodles (Zucchini-Nudeln) oder gegrillt gegessen werden kann.

Erntefrischer Pasta-Salat

Zutaten für 4 Portionen

Für den Salat
4 Eier
300 g grüne Bohnen
400 g Spaghetti oder Linguine
3 rote Zwiebeln
1 Bund Radieschen

Für das Dressing
8 EL Olivenöl
1 EL Senf
5 EL Weißweinessig
Salz, Pfeffer
etwas Kresse

1. Eier in einem Topf mit Wasser in 10 Minuten hart kochen. Dann aus dem Wasser heben, unter kaltem Wasser abschrecken, pellen, auskühlen lassen und schließlich vierteln.
2. Bohnen waschen, Enden abschneiden und halbieren. In einem Topf mit kochendem Salzwasser 10 Minuten garen.
3. Nudeln in einem zweiten Topf mit Salzwasser nach Packungsangabe al dente kochen.
4. Bohnen und Nudeln jeweils in ein Sieb abgießen, abschrecken und abtropfen lassen.
5. Zwiebeln häuten, halbieren und in Scheiben schneiden.
6. Radieschen putzen, waschen und fein hobeln.
7. Für das Dressing Olivenöl, Senf, Weißweinessig, Salz und Pfeffer in einer Salatschüssel verquirlen.
8. Nudeln, Bohnen, Zwiebeln und Radieschen mit dem Dressing vermengen und Salat mindestens 1 Stunde in den Kühlschrank stellen.
9. Salat vor dem Servieren mit Ei und Kresse garnieren.

Japanischer Otsu-Salat

Zutaten für 4 Portionen

Für den Salat
200 g Soba-Nudeln
2 kleine Bauerngurken
250 g Wassermelone
4 Frühlingszwiebeln
½ Bund glatte Petersilie oder Koriander
1 EL Schwarzer Sesam
ein paar Chiliflocken

Für das Dressing
1 Stück frischer Ingwer (ca. 2 cm)
5 EL Reisessig
6 EL Sojasoße
3 TL Ahornsirup
2 TL Zitronensaft
6 EL Sesamöl

1. Soba-Nudeln in einem Topf mit Salzwasser nach Packungsangabe nicht zu weich kochen. In ein Sieb abgießen, kalt abspülen und abtropfen lassen.
2. Bauerngurken waschen, putzen, vierteln und in Scheiben schneiden.
3. Das Fruchtfleisch der Wassermelone von der Schale abschneiden, würfeln und dabei die Kerne entfernen.
4. Frühlingszwiebeln putzen, waschen und in Ringe schneiden.
5. Petersilie oder Koriander waschen, trocken schütteln und grob hacken.
6. Sesam in einer Pfanne ohne Fett rösten, bis er duftet, dann herausnehmen und abkühlen lassen.
7. Für das Dressing Ingwer schälen und fein reiben.
8. Essig, Sojasoße, Ahornsirup, Zitronensaft und Sesamöl in einer Schüssel gut verrühren.
9. Ingwer untermischen.
10. Nudeln, Gurke, Wassermelone, Frühlingszwiebeln und Petersilie in einer Salatschüssel vermengen.
11. Dressing unterheben und Salat mit Chiliflocken und Sesam bestreuen.

Tortellini-Salat

Zutaten für 4–6 Portionen

Für den Salat

- 2 Pck. Tortellini mit Käse- oder Spinatfüllung (à ca. 500 g) aus dem Kühlregal
- 200 g TK-Erbsen
- 60 g Pinienkerne
- 150 g Mini-Mozzarella-kugeln
- 150 g Rucola
- 100 g getrocknete Tomaten (in Öl eingelegt)
- 1 Bund Basilikum
- 125 g vegane Speckwürfel (optional)

Für das Dressing

- Saft von ½ Zitrone
- 6 EL weißer Balsamico-essig
- Salz
- Pfeffer
- 8 EL Olivenöl

1. Tortellini in einem Topf mit Salzwasser nach Packungsangabe bissfest garen, in ein Sieb abgießen und abtropfen lassen.
2. Die Erbsen ebenfalls in einem Topf mit Salzwasser nach Packungsangabe garen, in ein Sieb abgießen und abtropfen lassen.
3. Pinienkerne in einer Pfanne ohne Fett rösten, herausnehmen und abkühlen lassen.
4. Mozzarellakugeln abtropfen lassen und halbieren.
5. Rucola waschen, verlesen und trocken schütteln. Große Blätter evtl. kleiner zupfen.
6. Getrocknete Tomaten abtropfen lassen, das Tomatenöl beiseitestellen. Tomaten in Streifen schneiden.
7. Für das Dressing in einer Schüssel Zitronensaft und Essig verrühren und mit Salz und Pfeffer würzen. Olivenöl und 2–3 EL Tomatenöl untermischen.
8. Basilikum waschen, trocken schütteln und fein hacken.
9. Tortellini, Erbsen, Mozzarella und Rucola in einer großen Schüssel mischen. Dressing unterheben.
10. Salat mit Basilikum, Tomaten, Pinienkernen und optional mit veganen Speckwürfeln bestreuen und servieren.

Blumenkohl-Wok

Zutaten für 4 Portionen

600 g Blumenkohlröschen
2 Frühlingszwiebeln
½ Bund glatte Petersilie
1 Stück frischer Ingwer (2 cm)
1 Knoblauchzehe
1 EL Sesamöl
3 EL Limettensaft
3 EL Zitronensaft
200 ml Gemüsebrühe
300 ml Kokosmilch
1 EL Agavendicksaft
2 TL grobkörniger Senf
Salz, Pfeffer

1. Blumenkohl waschen und gut abtropfen lassen.
2. Frühlingszwiebeln putzen, waschen und in Ringe schneiden.
3. Petersilie waschen, trocken schütteln und grob hacken.
4. Ingwer und Knoblauch schälen. Ingwer reiben, Knoblauch fein hacken.
5. Sesamöl in einer Pfanne oder einem Wok erhitzen und Frühlingszwiebel, Knoblauch und Ingwer darin anbraten. Mit Limetten- und Zitronensaft, Gemüsebrühe und Kokosmilch ablöschen.
6. Mit Agavendicksaft, Senf, Salz und Pfeffer würzen. Soße bei kleiner Hitze 10 Minuten ziehen lassen.
7. Blumenkohl zugeben, Hitze erhöhen und 8 Minuten garen.
8. Blumenkohl-Wok mit Petersilie bestreut servieren.

Griechischer Bauern-Nudelsalat

Zutaten für 4-6 Portionen

2 rote Zwiebeln
3 Knoblauchzehen
1 Zitrone
500 g Kirschtomaten
4 kleine Bauerngurken
1 grüne Paprika
1 rote Paprika
½ Bund glatte Petersilie
400 g Nudeln
80 g Kalamata-Oliven, ohne Kern
80 ml Olivenöl
3 EL Rotweinessig
Salz, Pfeffer
400 g Feta

1. Zwiebeln und Knoblauch häuten, Zwiebeln würfeln und Knoblauch fein hacken.
2. Zitrone auspressen.
3. Kirschtomaten waschen und halbieren.
4. Gurken und Paprika waschen, putzen und in Würfel schneiden.
5. Petersilie waschen, trocken schütteln und grob hacken.
6. Nudeln in einem Topf mit Salzwasser nach Packungsangabe al dente kochen. In ein Sieb abgießen, kalt abspülen und abtropfen lassen.
7. Zwiebeln, Knoblauch, Tomaten, Gurken, Paprika, Oliven und Petersilie in einer Salatschüssel vermengen.
8. Zitronensaft darüberträufeln und Nudeln unterheben.
9. Olivenöl in einer Schüssel mit Essig verrühren und unter den Salat mischen. Mit Salz und Pfeffer würzen.
10. Feta zerbröseln und unter den Salat heben.

Gebackene Auberginen in Tomatensoße

Zutaten für 4 Portionen

3 Auberginen (ca. 800 g)
Salz
1 Gemüsezwiebel
4 Knoblauchzehen
½ Bund frische Petersilie
1 l Speiseöl
3 EL Butter
3 EL Tomatenmark
400 g passierte Tomaten aus der Dose
Pfeffer
Chiliflocken

1. Auberginen putzen, waschen und in 3 cm große Würfel schneiden. In eine Schüssel geben und 2 EL Salz untermengen. Dann 20 Minuten ziehen lassen.
2. Danach das entstandene Wasser abgießen und das Salz grob mit einem Küchentuch entfernen. Auberginenwürfel auf einem Küchenpapier vollständig abtropfen lassen.
3. Gemüsezwiebel und Knoblauch häuten und fein würfeln.
4. Petersilie waschen, trocken schütteln und grob hacken.
5. Öl in einer hohen Pfanne erhitzen und die Auberginenwürfel darin in 4 Minuten goldbraun frittieren. Mit einer Schaumkelle herausheben und auf Küchenpapier abtropfen lassen.
6. Auberginenwürfel in eine Auflaufform legen und den Backofen auf 180 °C Ober-/Unterhitze vorheizen.
7. Butter in einer Pfanne schmelzen und Zwiebel und Knoblauch darin andünsten. Tomatenmark einrühren und kurz anschwitzen.
8. Passierte Tomaten unterrühren und mit Salz, Pfeffer und Chiliflocken abschmecken.
9. Soße über die Auberginen gießen und Auberginen 15 Minuten im Ofen backen.
10. Vor dem Servieren mit Petersilie bestreuen.

TIPP:
Die Auberginen lassen sich gut mit Gemüsereis (Rezept Seite 28) kombinieren.

Gerösteter Couscous-Salat

Zutaten für 4 Portionen

60 g Walnusskerne
3 EL Olivenöl
300 g Couscous
300 g Kirschen
150 g Feta
½ Bund Petersilie
100 g Oliven, ohne Kern
4 EL Zitronensaft
2 EL frische Thymian-blättchen
Salz, Pfeffer

1. Walnüsse grob hacken und kurz in einer Pfanne ohne Fett rösten.
2. 1 EL Olivenöl in einem Topf erhitzen. Couscous zugeben und unter Rühren 3 Minuten braten. 450 ml Wasser angießen, alles verrühren und 10 Minuten (ohne Hitzezufuhr) quellen lassen.
3. Danach das restliche Olivenöl untermischen und Couscous in eine große Schüssel umfüllen.
4. Kirschen waschen, entstielen, halbieren und entsteinen.
5. Feta zerbröseln.
6. Petersilie waschen, trocken schütteln und hacken.
7. Alle vorbereiteten und die restlichen Zutaten mit dem Couscous vermischen und Salat mit Salz und Pfeffer abschmecken. Sofort servieren oder bis zum Verzehr im Kühlschrank aufbewahren.

TIPP:

Couscous ist vielseitig verwendbar. Durch das Rösten bekommt er eine herrlich nussige Note, die perfekt mit den Kirschen harmoniert. Der Salat lässt sich super vorbereiten und schmeckt gekühlt am besten.

Karotten-Sesam-Salat

Zutaten für 4 Portionen

300 g Karotten
1 Orange
einige Sprossen
50 g Rosinen
2 EL Sesamöl
2 EL Olivenöl
2 EL Sesam
½ TL gemahlener Kreuzkümmel
½ TL gemahlener Koriander
½ Bund Koriander
1 EL Ahornsirup
Saft von ½ Zitrone
Salz, Pfeffer

1. Karotten putzen, waschen und raspeln.
2. Orange schälen und das Fruchtfleisch in kleine Stücke schneiden.
3. Beides mit Sprossen und Rosinen in eine Salatschüssel geben.
4. Sesam- und Olivenöl in einer Pfanne erhitzen und den Sesam darin goldbraun braten. Kreuzkümmel und Koriander darüberstreuen, verrühren und Pfanne beiseitestellen.
5. Koriander waschen, trocken schütteln und hacken.
6. Ölmischung, Ahornsirup, Zitronensaft und gehackten Koriander zum Salat geben und vermischen. Mit Salz und Pfeffer abschmecken.

Die wichtigsten Kochbegriffe

In diesem Abschnitt möchte ich dir einige wichtige Kochbegriffe erklären, die dir vielleicht in manchen Rezepten begegnen werden. Lass dich von Begriffen wie »glasig dünsten«, »sautieren« oder »anschwitzen« nicht abschrecken. Wenn du einmal weißt, was sie bedeuten, bist du dafür gewappnet, Kochanleitungen richtig zu verstehen und die besten Ergebnisse zu erzielen. Im Folgenden verrate ich dir, was genau damit gemeint ist und welche Zubereitungsart du wofür verwendest.

Abschmecken

Unter Abschmecken versteht man, das Gericht zu probieren und gegebenenfalls nachzuwürzen, um den gewünschten Geschmack zu erreichen. Vor dem Servieren solltest du deine Speisen unbedingt probieren und bei Bedarf noch Salz, Pfeffer oder andere Gewürze hinzufügen.

Anschwitzen

Anschwitzen bedeutet, Zutaten wie Zwiebeln oder Knoblauch in wenig Fett bei niedriger bis mittlerer Hitze zu garen, bis sie weich und leicht durchsichtig sind.
Verwende diese Methode, um die enthaltenen Aromen zu entwickeln, bevor du weitere Zutaten hinzufügst. Zum Beispiel kannst du Zwiebeln in Olivenöl anschwitzen, bevor du Tomaten für eine Soße dazugibst.

Blanchieren

Blanchieren bedeutet, Zutaten kurz in kochendem Wasser zu garen und dann sofort in Eiswasser abzuschrecken, um den Garprozess zu stoppen. Diese Methode wird oft verwendet, um Gemüse wie Brokkoli oder grüne Bohnen für Salate oder zum Einfrieren vorzubereiten, da sie die Farbe und den Geschmack bewahrt.

Braten

Beim Braten werden Zutaten in einer Pfanne bei hoher Hitze und mit etwas Fett gegart, bis sie eine braune Kruste entwickeln.
Braten eignet sich hervorragend für Gemüse, Tofu oder Fleischersatzprodukte, um ihnen eine knusprige Textur und reichhaltigen Geschmack zu verleihen.

Dünsten

Dünsten heißt, dass Zutaten in ihrem eigenen Saft oder mit wenig Flüssigkeit und bei niedriger Hitze garen. Der Topf wird oft mit einem Deckel abgedeckt, um die Feuchtigkeit im Topf zu halten. Dünsten ist ideal für Gemüse, das weich werden und dennoch leicht bissfest bleiben soll, wie Zucchini oder Paprika. Es bewahrt den natürlichen Geschmack und die Nährstoffe der Zutaten.

Emulgieren

Emulgieren bedeutet, zwei nicht mischbare Flüssigkeiten, wie Öl und Wasser, durch Rühren oder Schütteln zu einer homogenen Mischung zu verbinden.
Diese Technik kommt oft bei der Zubereitung von Dressings und Soßen zum Einsatz. Ein klassisches Beispiel ist die Vinaigrette. Dabei hilft das intensive Rühren oder Schütteln, die beiden Flüssigkeiten gleichmäßig zu verteilen und eine stabile Emulsion zu bilden.

Glasig

Glasig bezieht sich auf den Zustand von Zwiebeln oder Knoblauch, wenn sie leicht durchsichtig, aber noch nicht braun sind.
Dies ist oft der erste Schritt beim Kochen, um die Basis für viele Gerichte wie Suppen, Eintöpfe oder Soßen zu schaffen.

Gratinieren

Beim Gratinieren wird eine Speise im Ofen oder unter dem Grill überbacken, bis sie eine goldbraune Kruste bekommt. Aufläufe oder Gemüse werden gern überbacken. Eine Schicht Käse oder Paniermehl sorgt für eine knusprige Oberfläche.

Marinieren

Wenn Zutaten längere Zeit in eine Mischung aus Öl, Säure (Essig oder Zitronensaft) und Gewürzen gelegt werden, um Geschmack und Zartheit zu verbessern, spricht man von Marinieren.
Tofu oder Gemüse werden oft mariniert, bevor sie gegrillt oder gebraten werden.

Pochieren

Pochieren ist eine sanfte Garmethode, bei der Zutaten in heißem, aber nicht kochendem Wasser gegart werden.
Diese Technik eignet sich für empfindliche Zutaten wie Eier oder Obst.

Reduzieren

Reduzieren heißt, dass eine Flüssigkeit durch Kochen eingedickt wird, indem der Wassergehalt verringert wird. Soßen werden oft reduziert, um sie sämiger und geschmacksintensiver zu machen. Einfach die Flüssigkeit bei mittlerer bis hoher Hitze so lange köcheln lassen, bis die gewünschte Konsistenz erreicht ist.

Sautieren

Sautieren ist eine französische Kochtechnik, bei der Zutaten schnell in wenig Fett und bei hoher Hitze gebraten werden. Diese Technik wird häufig angewandt, um Gemüse oder kleine Stücke von anderen Zutaten schnell zu garen und ihre Textur und Farbe zu bewahren.

Schmoren

Schmoren ist eine Kombination aus Braten und langsamem Garen in Flüssigkeit. Die Zutaten werden zuerst angebraten und dann bei niedriger Hitze in Flüssigkeit (wie Brühe oder Wein) weitergegart.
Schmoren ist ideal für härtere Gemüse oder Fleischersatzprodukte, die durch das langsame Garen zart werden und viel Geschmack aufnehmen.

Vorspeisen, Snacks und Party-Food

Vorspeisen sind kleine Köstlichkeiten, die den Appetit anregen und Lust auf mehr machen. Hier findest du Rezepte für leckere vegetarische Vorspeisen, die perfekt für ein gemeinsames Essen mit Freund*innen oder Familie sind. Auch für Snacks während der Pause in der Schule, für den kleinen Hunger zwischendurch oder die nächste Party gibt es in diesem Kapitel viele tolle Anregungen.

Gefüllte Pfannkuchen

Zutaten für 4 Portionen

Für die Pfannkuchen
135 g Mehl
125 ml Milch
2 Prisen Salz
2 Eier
100 ml Mineralwasser
Sonnenblumenöl zum Ausbacken

Für die Füllung
500 g frischer Spinat
1 Zwiebel
3 Frühlingszwiebeln
1 rote Paprika
1 TL Olivenöl
½ TL Salz
2 Prisen Pfeffer
1 Msp. edelsüßes Paprikapulver
200 g Feta
4 EL geriebener Emmentaler

1. Mehl und Milch in eine Schüssel geben und gut verrühren. Salz hinzufügen.
2. Die Eier einrühren. Mineralwasser untermischen und Teig 30 Minuten quellen lassen.
3. Spinat waschen, verlesen und trocken schleudern und in Steifen schneiden.
4. Zwiebel häuten und würfeln.
5. Frühlingszwiebeln putzen, waschen und in dünne Ringe schneiden.
6. Paprika putzen, waschen und in feine Streifen schneiden.
7. Olivenöl in einer Pfanne erhitzen und Zwiebel, Frühlingszwiebeln und Paprika darin anschwitzen. Mit Salz, Pfeffer und Paprikapulver würzen. Zusammen mit dem Spinat in eine Schüssel geben und auskühlen lassen.
8. Feta zerbröseln und untermischen.
9. Backofen auf 200 °C Ober-/Unterhitze vorheizen.
10. 1 TL Öl in eine beschichtete Pfanne geben und auf mittlerer Stufe erhitzen. ¼ des Teigs in die Pfanne gießen, etwas verlaufen lassen und den Pfannkuchen 2–3 Minuten pro Seite backen. Vorgang wiederholen, bis der Teig aufgebraucht ist.
11. In die Mitte jedes Pfannkuchens ¼ der Spinatmischung setzen. Die Pfannkuchen einmal einklappen.
12. Pfannkuchen auf ein mit Backpapier belegtes Backblech setzen, jeweils mit 1 EL Käse bestreuen und 8 Minuten im Ofen backen.

Tacos mit Honig-Senf-Dip

Zutaten für 6 Tacos

150 g Kidneybohnen aus der Dose
150 g Mais aus der Dose
10 Kirschtomaten
4 Frühlingszwiebeln
10 Radieschen
¼ Bund glatte Petersilie
1 Limette
4 EL Reisessig
2 EL Sesamöl
6 Taco-Shells

1. Kidneybohnen und Mais in ein Sieb geben, abspülen und gut abtropfen lassen.
2. Kirschtomaten waschen und halbieren.
3. Frühlingszwiebeln putzen, waschen und in feine Ringe schneiden.
4. Radieschen putzen, waschen und in dünne Scheiben schneiden.
5. Petersilie waschen, trocken schütteln und hacken.
6. Alle vorbereiteten Zutaten in einer Schüssel vermischen.
7. Limette auspressen und den Saft in einer Schüssel mit Reisessig und Sesamöl verrühren. Mischung mit dem Gemüse vermengen.
8. Taco-Shells mit dem Gemüse füllen.

TIPP:

Die Tacos nach Belieben mit Honig-Senf-Dip (Rezept Seite 76) servieren. Taco-Shells müssen nicht unbedingt erwärmt werden, aber durch das Erwärmen werden sie knuspriger, was das Esserlebnis verbessert und verhindert, dass sie schnell durchweichen, wenn sie befüllt werden. Um Taco-Shells zu erwärmen, können sie für einige Minuten in den Ofen bei 180 °C Ober-/Unterhitze gelegt, in einer Pfanne erhitzt oder kurz in der Mikrowelle aufgewärmt werden.

Honig-Senf-Dip

Zutaten für 4 Portionen

250 g Frischkäse natur
1 EL grobkörniger Senf
1 EL Honig
Salz, Pfeffer

Frischkäse, Senf und Honig in einer Schüssel gut verrühren und mit Salz und Pfeffer würzen.

Auberginencreme

Zutaten für 4 Portionen

2 Auberginen
1 EL Olivenöl
Saft von ½ Zitrone
2 Knoblauchzehen
Salz
150 g griechischer Joghurt

1. Backofen auf 220 °C Ober-/Unterhitze vorheizen.
2. Auberginen waschen, den Stiel abschneiden und die Auberginen rundherum mehrmals mit einer Gabel einstechen. Ein Gitterrost mit Backpapier belegen und die Auberginen daraufsetzen. 30 Minuten im Ofen backen.
3. Auberginen aus dem Ofen nehmen und abkühlen lassen. Dann längs halbieren und das Fruchtfleisch vorsichtig aus der Schale löffeln. Mit Olivenöl und Zitronensaft in einen Mixer geben und fein pürieren. In eine Schüssel umfüllen.
4. Knoblauch schälen, fein hacken und Zusammen mit dem Joghurt unter das Auberginenpüree rühren. Mit Salz abschmecken.

Ofenradieschen-Sandwiches

Zutaten für 4 Portionen

2 Bund Radieschen
3 Knoblauchzehen
8 EL Olivenöl
4 EL Balsamicoessig
Salz, Pfeffer
1 Zitrone
1½ EL Ahornsirup
½ Bund Minze
½ Bund glatte Petersilie
4 Scheiben Vollkornbrot
200 g Frischkäse
Meersalzflocken

1. Backofen auf 200 °C Ober-/Unterhitze vorheizen.
2. Radieschen putzen, waschen und halbieren.
3. Knoblauch schälen und in Scheiben schneiden.
4. 5 EL Öl und Essig in einer Schüssel verrühren und mit Salz und Pfeffer würzen. Radieschen und Knoblauch zugeben und gut verrühren. Mischung in eine Auflaufform füllen und 10 Minuten im Backofen rösten.
5. Zitrone heiß abwaschen, abtrocknen und die Schale abreiben. Dann den Saft auspressen. Beides in die Auflaufform geben, unterrühren und Radieschen weitere 5 Minuten im Backofen backen.
6. Minze und Petersilie waschen, trocken schütteln und hacken. In eine Schüssel geben und mit dem restlichen Öl, Salz und Pfeffer vermengen.
7. Radieschen aus dem Ofen nehmen, Ahornsirup unterrühren und etwas abkühlen lassen.
8. Brote mit Frischkäse bestreichen. Minz-Mischung und Radieschen darauf verteilen und mit Meersalzflocken bestreuen.

Falafel-Wraps

Zutaten für 4 Portionen

Für den Joghurt-Dip
1 Bund Petersilie
200 g Naturjoghurt
1 TL Zitronensaft
Salz, Pfeffer

Für die Wraps
150 g Kirschtomaten
½ Salatgurke
60 g Rucola
1 EL Rapsöl
400 g Falafel aus dem Kühlregal oder selbst gemacht (Rezept Seite 82)
4 Wraps
2 TL Ajvar oder Tomatenmark
100 g Guacamole

1. Für den Dip Petersilie waschen, trocken schütteln und fein hacken. In eine Schüssel geben und mit Joghurt und Zitronensaft verrühren. Mit Salz und Pfeffer abschmecken und Dip bis zur Verwendung in den Kühlschrank stellen.
2. Kirschtomaten waschen und halbieren.
3. Salatgurke waschen, putzen und würfeln.
4. Rucola waschen, verlesen und trocken tupfen.
5. Rapsöl in einer Pfanne erhitzen und Falafel darin unter Wenden in ca. 5 Minuten goldbraun braten.
6. Wraps nach Packungsangabe vorbereiten (z. B. in Pfanne oder Mikrowelle erhitzen).
7. Je 1 Wrap auf 1 Teller legen. Ajvar oder Tomatenmark gleichmäßig darauf verteilen und verstreichen. Dann alle vorbereiteten Zutaten, Guacamole sowie Dip auf die Wraps geben. Die Seiten einschlagen und die Wraps aufrollen.

Falafel

Zutaten für 20 Stück

400 g getrocknete Kichererbsen
5 Knoblauchzehen
1 Zwiebel
1 Bund Petersilie
½ Bund Koriander
3 EL Mehl
2 TL gemahlener Koriander
2 TL gemahlener Kreuzkümmel
1½ TL Meersalz
1 TL gemahlener Pfeffer
Chiliflocken oder Chilipulver nach Geschmack
Öl zum Braten

1. Kichererbsen in eine Schüssel geben und so viel Wasser zugießen, dass sie vollständig damit bedeckt sind. Mindestens 24 Stunden einweichen lassen.
2. Danach Kichererbsen in ein Sieb abgießen, nach und nach in eine Küchenmaschine füllen und zerkleinern, dabei aufpassen, dass die Masse nicht matschig wird.
3. Knoblauchzehen und Zwiebel häuten und fein hacken.
4. Petersilie und Koriander waschen, trocken schütteln und hacken.
5. Knoblauch, Zwiebel, Petersilie, Koriander, Mehl und Gewürze unter die Kichererbsenmasse kneten. Masse 45 Minuten in den Kühlschrank stellen.
6. Aus der Masse mit feuchten Händen 20 Bällchen formen.
7. Etwas Öl in einer Pfanne erhitzen und die Falafel darin rundum anbraten.

Tahini-Soße

Zutaten für 4 Portionen

1 Knoblauchzehe
65 g Tahini
1 TL frisch geriebener Ingwer (optional)
1 TL Misopaste (optional)
1 EL Ahornsirup
1 EL Reisessig
1 EL Sojasoße

1. Knoblauchzehe häuten und hacken.
2. Alle Zutaten in einen Mixer geben und zu einer glatten Soße pürieren. Bei Bedarf Wasser hinzufügen, bis die gewünschte Konsistenz erreicht ist.

TIPP:
Anstelle von Tahini kannst du auch einmal Erdnussbutter oder Mandelmus ausprobieren.

Curry-Dip

Zutaten für 4 Portionen

200 ml Naturjoghurt
1 TL Currypulver
1 Msp. Chiliflocken
Salz, Pfeffer

Alle Zutaten in eine Schüssel geben und gründlich verrühren.

Erbsenklößchen

Zutaten für 4 Portionen

800 g TK-Erbsen
100 g Pistazienkerne
90 g Kichererbsenmehl
¼ Bund Petersilie
2 Frühlingszwiebeln
1 Ei
1 TL Zitronensaft
Salz, Pfeffer
Sonnenblumenöl zum Frittieren

1. Die Erbsen in einem Topf mit kochendem Salzwasser 3 Minuten blanchieren, in ein Sieb abgießen, mit kaltem Wasser abschrecken und gut abtropfen lassen. Dann im Blitzhacker grob zerkleinern und in eine Schüssel umfüllen.
2. Pistazien fein hacken und zu den Erbsen geben.
3. Petersilie waschen, trocken schütteln und fein hacken.
4. Frühlingszwiebeln putzen, waschen und ebenfalls fein hacken. Mit der Petersilie und dem Ei zu den Erbsen geben und vermischen.
5. So viel Kichererbsenmehl einarbeiten, dass die Masse gut formbar ist. Mit Salz, Pfeffer und Zitronensaft abschmecken.
6. Mit feuchten Händen kleine Bällchen aus dem Teig formen und im restlichen Kichererbsenmehl wenden.
7. Öl in einer hohen Pfanne erhitzen und die Bällchen darin 5–6 Minuten frittieren. Herausheben und auf Küchenpapier abtropfen lassen.

Linsenkrapfen

Zutaten für 16 Stück

2 Schalotten
2 Knoblauchzehen
1 EL Sesamöl
450 g gelbe Linsen
900 ml Gemüsebrühe
½ Bund Koriander
2 TL Currypulver
½ TL Backpulver
Salz, Pfeffer
100-200 g Mehl
Pflanzenöl zum Frittieren

1. Schalotten und Knoblauch häuten und fein würfeln.
2. Sesamöl in einem Topf erhitzen und Schalotten und Knoblauch darin glasig dünsten.
3. Linsen in ein Sieb geben, abbrausen, abtropfen lassen und in den Topf geben. Kurz durchrühren, dann mit Brühe aufgießen und 30 Minuten köcheln lassen.
4. Mit dem Pürierstab zu einer Creme pürieren.
5. Koriander waschen, trocken schütteln und hacken. Mit dem Currypulver und dem Backpulver unter die Linsencreme rühren. Mit Salz und Pfeffer abschmecken. Sollte die Masse zu weich sein, noch etwas Mehl einarbeiten.
6. Öl in einem weiten Topf erhitzen.
7. Aus dem Linsenteig 16 kleine Bällchen formen und mit einem Holzlöffel jeweils ein Loch in die Mitte bohren. Die Krapfen portionsweise in das heiße Öl geben und von jeder Seite ca. 4 Minuten frittieren, sodass sie goldgelb sind.
8. Mit einem Schaumlöffel herausheben, auf Küchenpapier abtropfen lassen und noch warm servieren.

Geröstete Kichererbsen

Zutaten für 4 Portionen

400 g Kichererbsen aus der Dose
4 EL Olivenöl
1 TL edelsüßes Paprikapulver
½ TL Cayennepfeffer
1 Prise Salz

1. Backofen auf 200 °C Ober-/Unterhitze vorheizen und ein Backblech mit Backpapier auslegen.
2. Kichererbsen in ein Sieb abgießen, gut abspülen und abtropfen lassen. Mit einem Küchenpapier trocken tupfen.
3. Kichererbsen in eine Schüssel geben und mit Olivenöl und den Gewürzen vermengen. Auf dem Backblech verteilen und in 25–30 Minuten im Ofen knusprig backen. Zwischendurch einmal durchrühren und wenden.

Schnelle Haferfrikadellen

Zutaten für 8 Stück

2 rote Zwiebeln
1 Banane
150 ml Milch
2 Eier
2 TL Curry
1 TL Salz
Pfeffer
250 g kernige Haferflocken
150 g geriebener Käse, z. B. Gouda
2–3 EL Rapsöl

1. Zwiebeln häuten und fein würfeln.
2. Banane schälen, in eine Schüssel geben und mit einer Gabel zerdrücken.
3. Zwiebeln, Milch, Eier, Curry, Salz und etwas Pfeffer zugeben und verrühren.
4. Haferflocken und Käse untermischen. Masse ca. 15 Minuten quellen lassen.
5. Mit angefeuchteten Händen aus dem Teig 8 Bratlinge formen.
6. Öl in einer beschichteten Pfanne erhitzen und Frikadellen darin in 4 Minuten pro Seite goldbraun braten.

Tofu-Gemüse-Spieße

Zutaten für 4 Portionen

1 rote Paprika
1 gelbe Paprika
2 Zucchini
2 Frühlingszwiebeln
400 g Kräutertofu
5 EL Sonnenblumenöl
Salz, Pfeffer
100 ml Sojasoße
1 EL Agavendicksaft
1 EL Limettensaft
10 g frischer Ingwer
1 kleine Chilischote (optional)
etwas Kresse

1. Paprikaschoten putzen, waschen und in mundgerechte Stücke schneiden.
2. Zucchini putzen, waschen, längs halbieren und in Scheiben schneiden.
3. Frühlingszwiebeln putzen, waschen und in 4 cm lange Stücke zerteilen.
4. Tofu in 2–3 cm große Würfel schneiden.
5. 2 EL Öl in einer Pfanne erhitzen und Paprika, Zucchini und Frühlingszwiebeln darin 4 Minuten anschwitzen. Mit Salz und Pfeffer würzen. Gemüse mit den Tofuwürfeln in eine Schüssel geben.
6. Sojasoße, Agavendicksaft und Limettensaft unterrühren.
7. Ingwer schälen, fein reiben und unterheben.
8. Chili, sofern verwendet, putzen, waschen, entkernen, fein hacken und ebenfalls untermischen. Alles 30 Minuten ziehen lassen.
9. Gemüse und Tofu abtropfen lassen und gleichmäßig verteilt auf Spieße stecken.
10. Das restliche Öl in einer Pfanne erhitzen und die Spieße darin in 5 Minuten rundherum anbraten.
11. Vor dem Servieren mit etwas Kresse bestreuen.

TIPP:

Dazu passen der Honig-Senf-Dip (Rezept Seite 76), die Tahini-Soße (Rezept Seite 83) oder der leichte Curry-Dip (Rezept Seite 83).

Antipasti-Miniburger

Zutaten für 9 Stück

1 Bund Basilikum
1 Knoblauchzehe
1 EL Pinienkerne
20 g Parmesan (oder Alternative)
Olivenöl
Salz, Pfeffer
1 Aubergine
1 Zucchini
1 Mozzarella
3 Tomaten
50 g Rucola
9 Miniburgerbuns

1. Basilikumblätter von den Zweigen zupfen, waschen und trocken schütteln.
2. Knoblauch häuten und grob zerkleinern.
3. Pinienkerne in einer beschichteten Pfanne ohne Öl rösten.
4. Parmesan grob zerkleinern.
5. Alle vorbereiteten Zutaten in einem Mixer zerkleinern. Nach und nach 60 ml Olivenöl dazugeben, bis das Pesto die gewünschte Konsistenz hat. Mit Salz und Pfeffer abschmecken und zur Seite stellen.
6. Aubergine und Zucchini putzen, waschen und in Scheiben schneiden. In einer großen Pfanne etwas Olivenöl erhitzen und die Zucchini- und Auberginenscheiben darin von beiden Seiten so lange garen, dass sie noch etwas Biss haben.
7. Mozzarella in Scheiben schneiden.
8. Tomaten waschen und in Scheiben schneiden.
9. Rucola waschen, verlesen und trocken schütteln.
10. Die Buns halbieren. Die Unterseiten mit dem Pesto bestreichen und jeweils mit 1 Auberginen-, Tomaten-, Zucchini- und Mozzarellascheibe sowie mit Rucola belegen. Die Deckel daraufsetzen und mit einem Holzstäbchen fixieren.

Tomaten-Mais-Omelett

Zutaten für 4 Portionen

5 Tomaten
1 Bund Schnittlauch
300 g Mais aus der Dose
6 Eier
75 ml Milch
Salz, Pfeffer
2 TL Pflanzenöl
8 Scheiben Brot
2 EL Tomatenmark
2 EL Ajvar
einige Sprossen

1. Tomaten waschen, vierteln, Stielansätze und Kerne entfernen und das Fruchtfleisch würfeln.
2. Schnittlauch waschen, trocken schütteln und in feine Röllchen schneiden.
3. Mais in ein Sieb abgießen und abtropfen lassen.
4. Eier und Milch in eine Schüssel geben, mit dem Schneebesen verquirlen und mit Salz und Pfeffer würzen.
5. In 2 kleinen Pfannen je 1 TL Öl erhitzen und jeweils die Hälfte vom Ei hineingießen und 2 Minuten bei kleiner Hitze stocken lassen.
6. Mit Tomaten, Mais und Schnittlauch bestreuen. Omeletts zur Hälfte einklappen und in weiteren ca. 2 Minuten fertig garen.
7. Brotscheiben mit Tomatenmark und Ajvar bestreichen.
8. Omeletts aus der Pfanne auf einen Teller gleiten lassen und jeweils vierteln. Auf jede Brotscheibe 1 Omelettviertel legen und mit Sprossen bestreuen.

Gefüllte Brötchen

Zutaten für 8 Stück

Für den Teig

350 g Weizenmehl plus mehr für die Arbeitsfläche
150 g Roggenmehl
1 TL Salz
1 Würfel frische Hefe
1 EL Olivenöl

Für die Füllung

200 g Karotten
1 Schalotte
2 Frühlingszwiebeln
1 rote Paprika
1 EL Olivenöl
½ Bund glatte Petersilie
2 EL Kürbiskerne
Salz, Pfeffer

1. Weizen-, Roggenmehl und Salz in einer Schüssel vermischen. In die Mitte eine Mulde drücken, die Hefe hineinbröckeln und mit 100 ml lauwarmem Wasser und etwas Mehl vom Rand verrühren und auflösen. Vorteig 10 Minuten gehen lassen.
2. Öl und 150 ml lauwarmes Wasser zufügen und alles mit den Knethaken des Rührgeräts zu einem glatten Teig verkneten. Teig zugedeckt 30 Minuten gehen lassen.
3. Währenddessen für die Füllung Karotten waschen, schälen und raspeln.
4. Schalotte häuten und klein würfeln.
5. Frühlingszwiebeln putzen, waschen, längs halbieren und in dünne Scheiben schneiden.
6. Paprika putzen, waschen und würfeln.
7. Öl in einer Pfanne erhitzen und Karotten, Schalotte, Frühlingszwiebeln und Paprika darin 3 Minuten anschwitzen.
8. Petersilie waschen, trocken schütteln, hacken, unterrühren und 1 Minute mitbraten.
9. Kürbiskerne in einer beschichteten Pfanne ohne Fett kurz rösten. Dann abkühlen lassen, grob hacken und unter das Gemüse mengen.
10. Gemüse mit Salz und Pfeffer würzen und abkühlen lassen.
11. Backofen auf 220 °C Ober-/Unterhitze vorheizen. Ein Backblech mit Backpapier belegen.

12. Teig nochmals kurz durchkneten, in 8 Portionen teilen und diese auf der bemehlten Arbeitsfläche zu kleinen, runden Fladen ausrollen. Etwas Füllung mittig auf die Fladen setzen, den Teig über der Füllung zusammenschlagen und zu Brötchen formen. Die Oberfläche kreuzartig einschneiden und mit Wasser bestreichen.

13. Brötchen auf das Blech setzen und nochmals ca. 10 Minuten gehen lassen. Dann ca. 20 Minuten im Ofen backen.

Pinsa

Zutaten für 4 Stück

Für den Teig
400 g Pizzamehl (Type 00) plus mehr für die Arbeitsfläche
100 g Reismehl
30 g Soja- oder Kichererbsenmehl
5 g frische Hefe
50 ml Olivenöl
7 g Salz

Für den Belag
2 Knoblauchzehen
1 rote Paprika
3 Frühlingszwiebeln
50 g Kirschtomaten
200 g Frischkäse
60 g Sauerrahm
2 EL Olivenöl
250 g Mini-Mozzarellakugeln
1 Bund frischer Rucola

1. Für den Teig die Mehle in einer Rührschüssel vermischen. Hefe hineinbröseln, 300 ml kaltes Wasser zugießen und Teig 5 Minuten mit den Knethaken des Rührgeräts kneten.
2. Olivenöl und Salz zum Teig geben und weitere 2 Minuten verkneten. Teig abgedeckt 1 Stunde ruhen lassen, dann 24 Stunden im Kühlschrank gehen lassen.
3. Teig auf eine bemehlte Arbeitsfläche geben und in 4 gleich große Portionen aufteilen. Jedes Stück zu einer Kugel formen und diese 1 Stunde ruhen lassen.
4. Für den Belag Knoblauch häuten und fein hacken.
5. Paprika putzen, waschen und würfeln.
6. Frühlingszwiebeln putzen, waschen und in Ringe schneiden.
7. Kirschtomaten waschen und halbieren.
8. Frischkäse, Knoblauch und Sauerrahm in eine Schüssel geben und verrühren.
9. Backofen auf 230 °C Ober-/Unterhitze vorheizen. 2 Backbleche mit Backpapier auslegen.
10. Jede Teigkugel mit den Fingern zu einem Fladen formen, auf das Blech setzen und 6 Minuten im Ofen backen.
11. Herausnehmen, mit der Frischkäsecreme bestreichen und mit Mozzarella, Frühlingszwiebeln, Tomaten und Paprika belegen und mit Olivenöl beträufeln. Wieder in den Ofen schieben und in 8–10 Minuten fertig backen.
12. Derweil Rucola waschen und trocken schütteln.
13. Pinsen nach dem Backen mit Rucola bestreuen und servieren.

Kleine Dönertaschen

Zutaten für 4 Portionen

Für den Zaziki
200 g Vollfettjoghurt
¼ Gurke
1 Knoblauchzehe
Salz, Pfeffer

Für die Tomatencreme
300 g Quark
100 g eingelegte Tomaten
1 EL Weißweinessig
1 TL Paprikapulver, edelsüß
Salz, Pfeffer

Für die Döner
1 Aubergine
1 Zucchini
Olivenöl
200 g veganes Dönerfleisch
2 Tomaten
100 g Rotkohl
¼ Salatgurke
4 Pita-Teigtaschen
1 Zwiebel

1. Für den Zaziki den Joghurt in eine Schüssel geben.
2. Gurke putzen, waschen und raspeln. Gurken in ein sauberes Küchentuch oder in ein feines Sieb geben und das überschüssige Wasser mit den Händen herausdrücken, bis die Gurken möglichst trocken sind, dann unter den Joghurt mischen.
3. Knoblauch häuten, fein hacken und ebenfalls unterrühren. Mit Salz und Pfeffer würzen.
4. Für die Tomatencreme den Quark zusammen mit den restlichen Zutaten im Mixer zu einer cremigen Masse pürieren.
5. Aubergine und Zucchini putzen, waschen, in Scheiben schneiden und ggf. je nach Größe nochmals halbieren.
6. 2 EL Öl in einer Pfanne erhitzen und Zucchini- und Auberginenscheiben darin von beiden Seiten braten, bis sie weich sind. Mit Salz und Pfeffer würzen.
7. Das Dönerfleisch in einer zweiten Pfanne mit etwas Öl ebenfalls anbraten.
8. Tomaten, Rotkohl und Gurke putzen, waschen und in Scheiben schneiden.
9. Die Pita-Taschen im Toaster kurz aufwärmen. Zwiebel häuten und in feine Ringe schneiden.
10. Die untere Seite mit der Tomatencreme bestreichen, die obere mit Zaziki. Gemüse, Dönerfleisch und Zwiebelringe in die Taschen füllen und Döner sofort servieren.

Champignon-Tartes

Zutaten für 6 Stück

6 Platten TK-Blätterteig
250 g Babyspinat
450 g weiße Champignons
1 Knoblauchzehe
3 EL Olivenöl
Salz, Pfeffer
200 g Magerquark
150 g Crème fraîche
1 Eigelb
50 g Kirschtomaten
3 Stängel Basilikum
1 TL Weißweinessig

1. Blätterteig auftauen lassen.
2. Backofen auf 220 °C Ober-/Unterhitze vorheizen. Ein Backblech mit Backpapier auslegen.
3. Spinat waschen, verlesen und trocken schleudern.
4. Pilze putzen und klein schneiden.
5. Knoblauch häuten und fein hacken.
6. 2 EL Öl in einer Pfanne erhitzen und den Knoblauch darin kurz anschwitzen. Pilze zugeben und kurz mitbraten. Spinat zufügen, zusammenfallen lassen und mit Salz und Pfeffer würzen. Pfanne vom Herd nehmen.
7. Quark in eine Schüssel geben, mit Crème fraîche und Eigelb verrühren, leicht salzen und pfeffern.
8. Blätterteigplatten auf das Blech legen und die Oberseiten mit der Quarkcreme bestreichen. Die Pilz-Spinat-Masse gleichmäßig darauf verteilen. Restliches Olivenöl darüber träufeln. Tartes in den Ofen schieben und in 15–20 Minuten goldbraun backen.
9. Blech herausnehmen und Tartes auf einem Kuchengitter lauwarm abkühlen lassen.
10. Währenddessen Kirschtomaten waschen und halbieren.
11. Basilikum waschen, trocken schütteln und die Blätter abzupfen.
12. Basilikum und Tomaten auf den Tartes verteilen und etwas Weißweinessig daraufträufeln.

Schnelle Pizzataschen

Zutaten für 4 Portionen

1 rote Zwiebel
2 Knoblauchzehen
4 Stiele Oregano
1 EL Olivenöl
400 g stückige Tomaten aus der Dose
1 EL Tomatenmark
1 EL Zucker
½ TL Salz
2 Prisen Pfeffer
250 g geriebener Mozzarella
1 Rolle Pizzateig (ca. 400 g)

1. Zwiebel und Knoblauch häuten und würfeln.
2. Oregano waschen, trocken schütteln, Blätter abzupfen und fein hacken.
3. Olivenöl in einer Pfanne erhitzen und Zwiebel und Knoblauch darin anschwitzen.
4. Tomaten, Tomatenmark, Zucker, Salz, Pfeffer und Oregano dazugeben, alles verrühren und 10 Minuten einköcheln lassen. Dann Pfanne vom Herd nehmen und Soße auskühlen lassen.
5. Backofen auf 220 °C Ober-/Unterhitze vorheizen und ein Backblech mit Backpapier belegen.
6. Teig auf der Arbeitsfläche entrollen und in 4 Rechtecke schneiden.
7. Mozzarella in die Soße rühren. Auf jedes Teigstück mittig ¼ der Soße geben. Teig darüber zusammenklappen, den Rand mit den Zinken einer Gabel festdrücken.
8. Teigtaschen auf das Backblech legen und im Ofen 12–15 Minuten backen.

Tomaten-Käse-Schnecken

Zutaten für 16 Stück

Für den Teig
½ Würfel frische Hefe
½ TL Salz
1 Prise Zucker
40 g weiche Butter
250 g Mehl plus mehr für die Arbeitsfläche

Für die Füllung
150 g Emmentaler in Scheiben
150 g passierte Tomaten aus der Dose
1 TL getrockneter Oregano
Salz, Pfeffer

1. Für den Teig Hefe, Salz und Zucker in eine Schüssel geben, 150 ml lauwarmes Wasser zugießen und Hefe unter Rühren auflösen.
2. Butter und Mehl zugeben und alles mit den Knethaken des Rührgeräts zu einem glatten, geschmeidigen Teig verkneten. Zugedeckt an einem warmen Ort ca. 30 Minuten gehen lassen.
3. Teig auf einer bemehlten Arbeitsfläche rechteckig ausrollen und dann in Streifen von ca. 10 × 3 cm Größe schneiden.
4. Käse ebenso in 10 × 3 cm große Streifen schneiden.
5. Die passierten Tomaten in einer Schüssel mit Oregano, Salz und Pfeffer vermischen.
6. Teigstreifen mit der Tomatensoße bepinseln, mit Käse belegen und zu Schnecken aufrollen. Auf ein mit Backpapier belegtes Blech setzen.
7. Wenn alle Schnecken fertig sind, Teig noch einmal zugedeckt an einem warmen Ort 30 Minuten gehen lassen.
8. In der Zwischenzeit den Backofen auf 200 °C Umluft vorheizen.
9. Schnecken in den Ofen schieben und in 15–20 Minuten goldbraun backen.

Herzhafte Minikuchen

Zutaten für 3-4 Mini-Kastenformen (je ca. 350 ml Inhalt)

200 g Brokkoliröschen
250 g Kirschtomaten
250 g Mehl
2 TL Backpulver
2 TL Salz
2 Eier
200 g Sauerrahm
100 ml Olivenöl
Pfeffer
Fett für die Formen

1. Brokkoli in einem Topf mit kochendem Salzwasser 3 Minuten blanchieren. In ein Sieb abgießen, kalt abschrecken, abtropfen lassen und die Röschen klein schneiden.
2. Tomaten waschen und halbieren.
3. Backofen auf 200 °C Ober-/Unterhitze vorheizen.
4. Mehl in einer Schüssel mit Backpulver und Salz mischen.
5. Eier und Sauerrahm in eine zweite Schüssel geben und mit dem Schneebesen schaumig schlagen.
6. Öl und die Mehlmischung dazugeben und kurz verrühren.
7. Brokkoli und Tomaten unterheben. Teig in die gefetteten Förmchen füllen, mit Salz und Pfeffer würzen und 30 Minuten im Ofen backen.
8. Aus dem Ofen holen, etwa 10 Minuten in den Formen abkühlen lassen, dann herauslösen und Kuchen auskühlen lassen.

Kartoffel-Käse-Rösti mit Tomatensoße

Zutaten für 4 Portionen

Für die Rösti
750 g festkochende Kartoffeln
250 g Topinambur (alternativ Pastinaken oder Karotten)
Salz, Pfeffer
80 g Bergkäse
3 EL Butterschmalz
3 EL Sahne

Für die Soße
300 g Tomaten
1 rote Paprika
1 Knoblauchzehe
1 rote Chilischote
½ Bund Petersilie
1 EL Olivenöl
1 TL brauner Rohrzucker
Salz, Pfeffer
1 TL Zitronensaft

1. Kartoffeln und Topinambur schälen, waschen und grob in eine Schüssel reiben. Mit Salz und Pfeffer würzen, 5 Minuten ziehen lassen, dann auf ein sauberes Küchenhandtuch geben und ausdrücken, sodass das Wasser austritt.
2. Käse reiben.
3. Backofen auf 180 °C Ober-/Unterhitze vorheizen.
4. Butterschmalz in einer beschichteten ofenfesten Pfanne erhitzen, etwa ⅔ der Gemüseraspel gleichmäßig auf dem Pfannenboden verteilen, mit einem Pfannenwender fest andrücken.
5. Käse darüberstreuen und die restlichen Raspel daraufgeben, fest andrücken und etwa 10 Minuten braten.
6. Sahne darüberträufeln, Pfanne in den Ofen schieben und in 35 Minuten fertig backen.
7. Währenddessen für die Soße Tomaten und Paprika putzen, waschen und in Stücke schneiden.
8. Den Knoblauch abziehen, Chilischote putzen, waschen und beides fein würfeln.
9. Petersilie waschen, trocken schütteln und hacken.
10. Olivenöl in einer Pfanne erhitzen und die vorbereiteten Soßenzutaten (außer der Petersilie) darin unter Rühren dünsten. Zucker einrieseln lassen.
11. Pfanne vom Herd nehmen und Soße mit Salz, Pfeffer und Zitronensaft abschmecken.
12. Rösti aus dem Ofen nehmen, 10 Minuten ruhen lassen, auf einen Teller stürzen und mit Petersilie bestreuen. Tomaten-Paprika-Soße dazu servieren.

Frittieren – Tipps und Tricks für knusprige Ergebnisse

Jetzt dreht sich alles um das Thema Frittieren. Frittieren ist eine Kochmethode, bei der Lebensmittel in heißem Öl gegart werden. Diese Technik sorgt für eine knusprige Textur und einen köstlichen Geschmack. Ob Pommes, Falafel oder Gemüse – so erhalten viele Gerichte das gewisse Etwas.

In diesem Kapitel erkläre ich dir, welche Temperatur für das Frittieren ideal ist, wie du die Temperatur richtig misst und welches Öl sich am besten eignet. Außerdem gebe ich wichtige Sicherheitshinweise, besonders für junge Köch*innen.

Die richtige Temperatur

Beim Frittieren ist die Temperatur des Öls entscheidend für das Ergebnis. Zu niedrige Temperaturen führen dazu, dass das Essen fettig und weich wird, während zu hohe Temperaturen Speisen außen verbrennen lassen, während sie innen noch roh sind.

Die ideale Temperatur beim Frittieren liegt zwischen 170 und 190 °C.

- Gemüse und Obst: 170–175 °C
- Pommes und Kartoffelprodukte: 180–185 °C
- Falafel und andere Teigwaren: 180–190 °C

Temperatur messen

Um gute Ergebnisse zu erzielen, ist es wichtig, die Temperatur des Öls genau zu überwachen. Dazu kannst du verschiedene Methoden nutzen:

Küchenthermometer

Ein Küchenthermometer zeigt die Temperatur am genauesten an. Achte darauf, dass das Thermometer für hohe Temperaturen geeignet ist und befestige es am Rand des Topfes oder der Fritteuse.

Holzstiel-Test

Wenn du kein Thermometer hast, kannst du einen Holzkochlöffel in das Öl tauchen. Bilden sich kleine Bläschen um den Stiel herum, ist das Öl heiß genug. Dieser Test sagt allerdings nichts über die genaue Temperatur aus.

Brotwürfel-Test

Ein weiterer Trick ist es, einen kleinen Würfel Brot in das Öl zu werfen. Wenn der Würfel innerhalb von 60 Sekunden goldbraun wird, hat das Öl die richtige Temperatur zum Frittieren.

Das richtige Öl

Nicht jedes Öl eignet sich zum Frittieren. Hier habe ich die Öle zusammengestellt, die du besonders gut nehmen kannst:

Erdnussöl

Ein robustes Öl mit einem hohen Rauchpunkt und neutralem Geschmack. Der Rauchpunkt ist die niedrigste Temperatur, bei der Öl beim Erhitzen Rauch erzeugt.

Maiskeimöl

Ein weiteres Öl mit hohem Rauchpunkt und neutralem Geschmack.

Rapsöl

Ebenfalls ein hoher Rauchpunkt und ein Öl mit mildem Aroma, das sich gut zum Frittieren eignet.

Sonnenblumenöl

Ein mildes Öl mit einem hohen Rauchpunkt, ideal für das Frittieren.

Sicherheitshinweise

Frittieren kann gefährlich sein, besonders für junge Köch*innen. Beachte daher diese wichtigen Sicherheitshinweise:

- Bitte einen Erwachsenen, in deiner Nähe zu bleiben, wenn du dich an das Frittieren wagst.
- Verwende einen stabilen Topf oder eine Fritteuse und achte darauf, dass er oder sie gut steht.
- Fülle nicht zu viel Öl in den Topf oder die Fritteuse. Das Öl sollte etwa bis zur Hälfte des Topfes reichen.
- Wasser und heißes Öl vertragen sich nicht. Trockne Lebensmittel gründlich ab, bevor du sie ins Öl gibst, um Spritzer zu vermeiden.
- Halte Abstand vom heißen Öl und benutze Küchenzangen oder Schaumkellen, um die Lebensmittel ins Öl zu geben und herauszunehmen.
- Halte immer ein nasses Handtuch oder einen Deckel bereit, um im Notfall ein Feuer ersticken zu können. Verwende niemals Wasser, um einen Ölbrand zu löschen.

Schritt-für-Schritt-Anleitung zum Frittieren

- Bereite alle Zutaten, die du frittieren möchtest, entsprechend vor und stelle sicher, dass sie trocken sind.
- Erhitze das Öl im Topf oder in der Fritteuse langsam auf die gewünschte Temperatur.
- Überprüfe die Temperatur des Öls mit einem Küchenthermometer oder einem der anderen Tests.
- Gib die Lebensmittel mit einer Küchenzange oder einer Schaumkelle vorsichtig ins Öl. Frittiere in kleinen Mengen, damit die Temperatur des Öls nicht zu stark absinkt.
- Hebe die Lebensmittel mit einer Küchenzange oder einer Schaumkelle heraus, wenn sie goldbraun und knusprig sind. Lass sie auf Küchenpapier abtropfen, um überschüssiges Öl zu entfernen.
- Lass das Öl abkühlen, bevor du es entsorgst oder wiederverwendest. Gieße es niemals heiß weg.

Suppen und Eintöpfe

Suppen und Eintöpfe sind perfekt für kalte Tage oder wenn du etwas Herzhaftes und Wärmendes brauchst. In diesem Kapitel verrate ich dir Rezepte für leckere vegetarische Suppen und Eintöpfe. Ob cremig oder klar, mit viel Gemüse oder Hülsenfrüchten – diese Gerichte sind immer eine gute Wahl. Sie sind einfach zuzubereiten und lassen sich wunderbar variieren. Tauche ein in die Welt der Suppen und Eintöpfe und genieße die wohlige Wärme und den vollen Geschmack, den diese Gerichte bieten.

Lasagne-Suppe

Zutaten für 4 Portionen

2 EL Olivenöl
500 g veganes Hackfleisch
2 Zwiebeln
4 Knoblauchzehen
800 ml Gemüsebrühe
800 g stückige Tomaten aus der Dose
5 EL Tomatenmark
3 TL getrocknete italienische Kräuter
Salz, Pfeffer
10 Lasagneplatten
ein paar Blättchen Basilikum
4 TL Crème fraîche
50 g geriebener Gouda

1. Olivenöl in einem großen Topf erhitzen und das vegane Hackfleisch darin 2 Minuten anbraten.
2. Zwiebeln und Knoblauch häuten und fein hacken, zum Hackfleisch geben und unterrühren.
3. Gemüsebrühe, gehackte Tomaten, Tomatenmark und Kräuter zugeben und verrühren. Mit Salz und Pfeffer würzen. Suppe 20 Minuten köcheln lassen.
4. In der Zwischenzeit die Lasagneplatten in mundgerechte Stücke brechen und in einem Topf mit Salzwasser al dente kochen.
5. Nudeln durch ein Sieb abgießen und in die Suppe geben.
6. Basilikumblätter waschen und trocken tupfen.
7. Suppe auf Schüsseln verteilen und mit Crème fraîche, Käse und Basilikum garnieren.

Erdnuss-Eintopf

Zutaten für 4 Portionen

250 g Karotten
250 g Hokkaido-Kürbis
1 rote Paprika
2 Stangen Staudensellerie
500 g Tofu, natur
1 Stück frischer Ingwer (2 cm)
1 Knoblauchzehe
2 EL Pflanzenöl
2 EL rote Currypaste
400 ml Kokosmilch
200 ml Gemüsebrühe
3 EL stückige Erdnussbutter
1 TL Currypulver
1 TL gemahlene Kurkuma
Salz, Pfeffer
etwas frischer Koriander oder glatte Petersilie zum Garnieren
20 g gesalzene Erdnüsse

1. Karotten und Kürbis putzen, schälen und würfeln.
2. Paprika waschen, putzen und in kleine Würfel schneiden.
3. Sellerie waschen, putzen und in Streifen schneiden.
4. Tofu in 2 cm große Würfel zerteilen.
5. Ingwer und Knoblauch schälen und fein hacken.
6. Öl in einem Topf erhitzen und den Tofu darin rundherum anbraten, herausnehmen und beiseitelegen.
7. Knoblauch und Ingwer in den Topf geben und anschwitzen.
8. Gemüse zugeben und kurz rösten.
9. Currypaste einrühren und mit der Kokosmilch ablöschen.
10. Die Brühe angießen.
11. Erdnussbutter, Currypulver und Kurkuma unterrühren. Eintopf mit Salz und Pfeffer würzen und 15 Minuten bei mittlerer Hitze köcheln lassen.
12. Koriander oder Petersilie waschen, trocken schütteln und hacken.
13. Tofu unter den Eintopf heben.
14. Vor dem Servieren Eintopf mit Erdnüssen und Koriander oder Petersilie bestreuen.

Fruchtiger Kokos-Bananen-Eintopf

Zutaten für 4 Portionen

60 g Cashewkerne
2 Zwiebeln
250 g Knollensellerie
2 Knoblauchzehen
3 Bananen
2 EL Kokosfett
2 EL Currypulver
3 EL Zitronensaft
400 ml Gemüsebrühe
400 ml Kokosmilch
Salz, Pfeffer

1. Cashewkerne in einer beschichteten Pfanne ohne Fettzugabe goldbraun rösten, dann zur Seite stellen.
2. Zwiebeln, Sellerie und Knoblauch schälen und würfeln.
3. Bananen schälen und in Scheiben schneiden.
4. Kokosfett in einem Topf erhitzen und Zwiebeln, Sellerie, Knoblauch und Bananen darin goldbraun braten.
5. Currypulver einrühren, kurz anschwitzen, dann mit Zitronensaft, Brühe und Kokosmilch ablöschen. Mit Salz und Pfeffer würzen. Suppe 10 Minuten köcheln lassen.
6. Cashewkerne grob hacken und ⅔ in die Suppe geben. Suppe mit dem Stabmixer pürieren und nochmals aufkochen lassen. Mit den restlichen Cashewkernen bestreut servieren.

Schnitzelsuppe

Zutaten für 4 Portionen

1 rote Paprika
1 gelbe Paprika
2 rote Zwiebeln
1 Knoblauchzehe
½ Bund Petersilie
4 TL Speiseöl
100 ml Sahne
800 ml Gemüsebrühe
200 g Schmelzkäse
600 g panierte vegetarische Schnitzel

1. Paprika waschen, putzen und in Streifen schneiden. Zwiebel halbieren, häuten und in Ringe schneiden.
2. Knoblauch häuten und hacken.
3. Petersilie waschen, trocken schütteln, Blätter von den Stielen zupfen und fein hacken.
4. 2 TL Speiseöl in einem Topf erhitzen und Paprika, Zwiebeln und Knoblauch darin 5 Minuten anbraten. Mit Sahne und Brühe ablöschen und 10 Minuten köcheln lassen.
5. Schmelzkäse unterrühren und 5 Minuten köcheln lassen.
6. Restliches Öl in einer Pfanne erhitzen und die Schnitzel darin nach Packungsangabe braten, dann in Streifen schneiden.
7. Suppe auf Teller verteilen und mit Schnitzelstreifen toppen. Mit Petersilie bestreuen.

Orientalische Kartoffelsuppe

Zutaten für 4 Portionen

600 g festkochende Kartoffeln
300 g Blumenkohl
1 Zwiebel
2 Knoblauchzehen
20 g frischer Ingwer
2 EL Butter
3 EL Currypulver
1 TL gemahlener Koriander
1 TL gemahlener Kreuzkümmel
1 TL edelsüßes Paprikapulver
1 Prise Zimt
150 g rote Linsen
4 EL Erdnusskerne
½ Bund frischer Koriander oder glatte Petersilie
5 EL Joghurt
Salz
Saft von 1 Limette

1. Kartoffeln schälen, waschen und klein würfeln.
2. Blumenkohl putzen, waschen und in mundgerechte Röschen teilen.
3. Zwiebel, Knoblauch und Ingwer schälen und fein hacken.
4. Butter in einem Topf erhitzen und Zwiebel, Knoblauch und Ingwer darin anbraten.
5. Currypulver, Koriander, Kreuzkümmel, Paprikapulver und Zimt zugeben, unterrühren und kurz mitbraten.
6. 500 ml Wasser angießen. Kartoffeln und Blumenkohl zugeben und Suppe 15–20 Minuten köcheln lassen. In den letzten 10 Minuten die Linsen dazugeben. Falls nötig, noch Wasser ergänzen.
7. Erdnüsse in einer Pfanne ohne Fettzugabe rösten, herausnehmen und grob hacken.
8. Koriander oder Petersilie waschen, trocken schütteln und hacken.
9. ⅓ der Suppe aus dem Topf nehmen, mit dem Joghurt in einem Mixer fein pürieren, dann wieder zur restlichen Suppe geben.
10. Suppe mit Salz und Limettensaft abschmecken. Mit Koriander oder Petersilie und Nüssen bestreut servieren.

SOUP OF THE
SOUP OF THE DAY

Quinoa-Mais-Suppe

Zutaten für 4 Portionen

1 rote Paprika
200 g grüne Bohnen
200 g festkochende Kartoffeln
1 Zwiebel
2 EL Pflanzenöl
400 g passierte Tomaten aus der Dose
600 ml Gemüsebrühe
150 g Quinoa
280 g Mais aus der Dose
1 TL geräuchertes Paprikapulver
1 TL gemahlener Kümmel
Salz, Pfeffer

1. Paprika putzen, waschen und würfeln.
2. Bohnen putzen, waschen und in kleine Stücke schneiden.
3. Kartoffeln schälen, waschen und würfeln.
4. Zwiebel häuten und fein hacken.
5. Öl in einem Topf erhitzen und Zwiebel darin andünsten, Paprikawürfel zugeben und 1 Minute dünsten. Tomaten und Brühe zugeben und verrühren. Kartoffeln zugeben und Suppe ca. 5 Minuten köcheln lassen.
6. Quinoa in einem Sieb heiß abwaschen, abtropfen lassen, in die Suppe geben und 5 Minuten köcheln lassen.
7. Mais in einem Sieb abtropfen lassen, zusammen mit den Bohnen in den Topf geben und 10 Minuten köcheln lassen.
8. Suppe vor dem Servieren mit den Gewürzen abschmecken.

Würstchengulasch

Zutaten für 4 Portionen

600 g vegetarische Wiener Würstchen
1 Zwiebel
1 Knoblauchzehe
1 rote Paprika
2 Karotten
1 EL Olivenöl
3 EL Tomatenmark
300 ml Gemüsebrühe
400 g stückige Tomaten aus der Dose
1 TL edelsüßes Paprikapulver
2 EL frisch gehackte Petersilie
Salz, Pfeffer
100 g Crème fraîche

1. Würstchen in Scheiben schneiden.
2. Zwiebel und Knoblauch häuten und klein schneiden.
3. Paprika und Karotten putzen, waschen und würfeln.
4. Öl in einem Topf erhitzen und Zwiebel darin 2 Minuten anbraten.
5. Würstchen, Knoblauch, Karotten und Paprika zufügen und weitere 2 Minuten braten. Tomatenmark einrühren und kurz anrösten.
6. Brühe und stückige Tomaten zufügen und mit Paprikapulver, Petersilie, Salz und Pfeffer würzen.
7. Gulasch bei mittlerer Hitze 20 Minuten köcheln lassen. Auf Teller verteilen und jeweils mit einem Klecks Crème fraîche servieren.

Rucola-Feta-Suppe

Zutaten für 4 Portionen

150 g Rucola
1 Zwiebel
4 EL Olivenöl
50 ml Apfelsaft
2 Spritzer Weißweinessig
400 ml Gemüsebrühe
100 ml Sahne
200 g Feta
Salz, Pfeffer
200 g Cocktailtomaten

1. Rucola waschen, trocken schleudern und hacken.
2. Zwiebel häuten und fein würfeln.
3. 2 TL Olivenöl in einem Topf erhitzen und die Zwiebel darin glasig dünsten.
4. Rucola zugeben, kurz mitdünsten, dann Apfelsaft, Weißweinessig, Brühe und Sahne angießen, aufkochen und 5 Minuten bei mittlerer Hitze köcheln lassen.
5. Feta zerbröseln, unterrühren und alles mit dem Stabmixer pürieren. Mit Salz und Pfeffer abschmecken.
6. Cocktailtomaten waschen und halbieren.
7. Restliches Öl in einer Pfanne erhitzen und Cocktailtomaten darin kurz anbraten.
8. Suppe auf Teller verteilen und mit den Tomaten garnieren.

Süßes und Erfrischendes

Zum Abschluss darf natürlich etwas Süßes nicht fehlen! In diesem kleinen Kapitel findest du ein paar meiner Lieblingsrezepte.

Arme Ritter mit Apfelkompott

Zutaten für 4 Portionen

Für die Ritter

4 weiße Brötchen vom Vortag
250 ml Vollmilch
2 Pck. Vanillezucker
20 g Rohrzucker
Sonnenblumenöl zum Ausbacken
2 EL Zimt

Für das Kompott

5 saure Äpfel
2 EL Zucker
100 ml Apfelsaft
1 Pck. Vanillezucker
2 Nelken
2 TL Zimt

1. Brötchen mit einer Reibe etwas abreiben, sodass das knusprige Äußere weitestgehend entfernt ist. Die so gewonnenen Semmelbrösel zur Seite stellen.
2. Milch, Vanillezucker und 2 EL Rohrzucker in einer Schüssel verrühren. Brötchen 20 Minuten hineinlegen, dabei ab und zu wenden.
3. In der Zwischenzeit für das Kompott die Äpfel schälen, entkernen und grob würfeln.
4. Zucker in einem großen Topf erhitzen, bis er leicht karamellisiert - also etwas braun und flüssig wird. Dann die Äpfel hinzugeben. Hitze reduzieren und mit Apfelsaft aufgießen. Restliche Zutaten zugeben. Kompott 8–10 Minuten einköcheln lassen und ab und an die Apfelstücke vorsichtig umrühren.
5. Topf vom Herd nehmen und das Kompott abkühlen lassen. Nelken entfernen.
6. In einer großen Pfanne das Öl (es sollte 2–3 cm hoch in der Pfanne stehen) erhitzen.
7. Die vollgesogenen Brötchen aus der Milch nehmen, in den Semmelbröseln wälzen und in der Pfanne von allen Seiten goldbraun braten.
8. Restlichen Rohrzucker auf einem Teller mit dem Zimt verrühren. Die angebratenen Brötchen in der Zucker-Zimt-Mischung wenden und mit dem Kompott servieren.

Der beste Zitronenkuchen

Zutaten für 1 Springform (26 cm ø)

145 g weiche Butter plus mehr für die Form
240 g Mehl
2 TL Backpulver
1 Prise Salz
250 g Zucker
4 EL abgeriebene Zitronenschale
5 Eier
2 TL Vanilleextrakt
450 g Ricotta
Puderzucker zum Bestäuben

1. Backofen auf 175 °C Ober-/Unterhitze vorheizen. Springformboden mit Backpapier auslegen und einfetten.
2. Mehl, Backpulver und Salz in einer Schüssel vermengen.
3. Zucker, Butter und Zitronenschale in eine zweite Schüssel geben und 5 Minuten mit den Schneebesen des Rührgeräts aufschlagen.
4. Eier nach und nach unterrühren, dann Vanilleextrakt untermischen.
5. Hälfte der Mehlmischung zugeben und nur kurz unterheben.
6. Ricotta zufügen und kurz verrühren.
7. Restliches Mehl zugeben und kurz untermischen, bis alles gerade so vermengt ist.
8. Teig in die gefettete Form füllen und im Ofen 55–60 Minuten backen, ggf. nach 30 Minuten mit Alufolie abdecken, falls der Kuchen zu dunkel wird.
9. Kuchen aus dem Ofen holen, 10 Minuten abkühlen lassen, dann mit einem Messer um den Rand fahren, um eventuell angeklebte Ränder zu lösen. Den Springformring entfernen und den Kuchen weiter abkühlen lassen.
10. Vor dem Servieren mit Puderzucker bestäuben.

TIPP:

Der Kuchen schmeckt besonders gut mit frischer Schlagsahne. Auch lecker: 400 g gewürfelte Erdbeeren oder andere Beeren, vermengt mit 3 EL Zucker, auf den Kuchen geben.

ROUSSILLON

Dattel-Kakao-Smoothie

Zutaten für 2 Portionen

200 g TK-Wildheidelbeeren
100 g Himbeeren
250 ml Mandeldrink
50 g Naturjoghurt
5 Softdatteln ohne Stein
2 EL Kokoscreme
1 TL gemahlene Haselnüsse
½ TL Backkakao

1. Heidelbeeren auftauen lassen.
2. Himbeeren bei Bedarf entstielen, vorsichtig waschen und trocken tupfen.
3. Alle Zutaten in einen Mixer geben und zu einem Smoothie pürieren.

Hausgemachte Limetten-Limonade

Zutaten für 1 Liter

6 Limetten
25 g Zucker
1 Bund frische Minze
1 l gekühltes Mineralwasser

1. Den Saft von 4 Limetten auspressen.
2. Die restlichen Limetten schälen, vierteln, Kerne entfernen und Fruchtfleisch zusammen mit Zucker, Limettensaft und 400 ml kaltem Wasser in einen Mixer geben und zerkleinern.
3. Masse durch ein Sieb gießen und die Flüssigkeit in einem Krug auffangen. Bis zur Verwendung im Kühlschrank aufbewahren.
4. Minze waschen, trocken schütteln und die Blätter abzupfen.
5. Vor dem Servieren Mineralwasser und Limo-Ansatz in Gläsern mischen, mit Minze garnieren.

Pina-Colada-Mousse

Zutaten für 2 Portionen

180 g weiße Kuvertüre (oder White Chocolate Chips)
500 ml Sahne
1 kleine Ananas
2 TL Kokosraspel
1 Pck. Sahnesteif
80 ml Kokossirup
2 TL Puderzucker
Kokoschips (optional)

1. Kuvertüre hacken und zusammen mit 125 ml Sahne in einen Topf geben. Bei kleiner Hitze erwärmen, bis sich die Schokolade vollständig aufgelöst hat. Topf zur Seite stellen und Masse 30 Minuten abkühlen lassen.
2. Ananas schälen, klein schneiden und die Hälfte der Ananas im Mixer pürieren.
3. Ananaspüree auf 2 Gläser verteilen. Die Kokosraspel daraufstreuen.
4. 250 ml Sahne mit dem Sahnesteif in eine Schüssel geben und mit den Schneebesen des Rührgeräts steif schlagen.
5. Kokossirup und Schokoladensahne unter die Sahne heben.
6. Masse auf die Gläser verteilen.
7. Restliche Sahne mit Puderzucker steif schlagen und auf der Mousse verteilen.
8. Mousse mindestens 1 Stunde im Kühlschrank kühl stellen.
9. Vor dem Servieren evtl. mit Kokoschips und der restlichen Ananas garnieren.